海を渡る

サムライたちの球跡

扶桑社

プロローグ

1964年9月1日——歴史の扉が開いた日

突然のメジャー契約、そして初登板

「Now Pitching NO10 MASANORI MURAKAMI!」
アメリカ・ニューヨーク州のシェイスタジアムに場内アナウンスが響き渡る。それは、メジャーリーグ史上初めて日本人選手の名前がコールされた瞬間だった。コールを受けて、颯爽と登場したのがプロ入り2年目、南海ホークスの若きホープで20歳になったばかりの村上雅則だ。アメリカに渡って半年が過ぎていた。ついに、待望のメジャーデビューの瞬間が訪れたのである。

この年に開場したばかりの美しいスタジアムではニューヨーク・メッツ対サンフランシスコ・ジャイアンツの一戦が行われ、4対0でメッツがリードしていた。4点のビハインドとなった8回裏、ジャイアンツのマウンドに上がったのが村上だった。

敵地であるにもかかわらず大きな歓声に包まれたことに驚いた。いや、それはひょっとしたらブーイングだったのかもしれない。あるいは、初めて見る日本人投手に対するどよめきだったのかもしれない。

いずれにしても、4万人の観衆の視線が村上に注がれていた。

「このとき私は、『スキヤキ・ソング』をハミングしていました。そこに歌詞をつけるならば、〝ウゥエ〜ウォ、ム〜イテ〜、ア〜ルコウォ〜〟です。そうです、坂本九の『上を向いて歩こう』です。今から思えば、心のどこかでは〝緊張するなよ、平常心でいけよ〟と、自分に言い聞かせる思いがあったのかもしれませんね……」

1961（昭和36）年に発売された坂本九の『上を向いて歩こう』は、『スキヤキ』と題されて、63年6月には全米ビルボード1位を獲得する大ヒットを記録していた。異国の地で聞く懐かしい歌声に、村上は癒されていた。

これまで、マイナーリーグで5カ月間奮闘してきた。106イニングを投げて159個の三振を奪ってきた。9月1日からは登録選手枠が25人から40人に拡大された。それに伴って、村上にチャンスが訪れた。しかも、1Aから一気にメジャーへの大抜擢である。

いくら自分自身に「緊張するな、平常心でいけ」と命じても、まだ20歳の若者にとって、それは無理な注文だった——。

＊

64年8月31日——。この日の朝、村上はプロペラ機でカリフォルニア州フレズノからサンフランシスコに飛び、ここでジェット機に乗り換えてニューヨークのケネディ空港へ向かった。慌ただしい一日の始まりだった。

ケネディ空港からはバスで関係者の待つマンハッタンのルーズベルト・ホテルへ一人で行かなくてはならなかった。

頼りになるのは、半年間の在米生活で身につけた自身の英語力だけだった。通訳などいない。サンフランシスコにも、ニューヨークにも迎えの者は誰もいなかった。何もかも独力でやらなければ、この国では何も始まらないということはこの半年間で理解していた。

ようやくホテルに到着し、チェックインしようとしたものの、「MASANORI MURAKAMI」の名前が見つからない。いくら説明しても、「予約はない」の一点張りだった。途方に暮れたままロビーで待つこと20分、ようやく球団関係者が現れた。こうして、すったもんだの末にようやくチェックインすることができたのだ。

翌9月1日、村上はチームメイトの案内でニューヨークで開催されていたワールドフェアー見学し、その後は会場の隣にあるシェイスタジアムを訪れる。

日本の球場とは比べ物にならない荘厳な威容に驚くと同時に感激を隠せない。つい数日前までは板塀に囲まれた薄暗いフレズノの球場で試合をしていたからこそ、この年開場したばかりのスタジアムの美しさが胸を打った。

「興奮したまま練習をしていたら突然叱られました。私が着ていたアンダーシャツがジャイアンツカラーと違っていたからです。その色はライバルのドジャースカラーだったので、なおのこと叱られました(笑)。だからすぐに袖を切ってグラウンドに飛び出しました。ところが、練習をしていると球団職員が血相を変えて私を呼びにくるんです……」

職員が慌てていたのは、試合開始前までに村上との正式な選手契約を結ぶためだった。しかし、村上はそれを拒んだ。フレズノを出発する前に、現地で世話になった日本人関係者、そして故郷・山梨で待つ両親から、「契約書には十分気をつけなさいよ」と念を押されていた。英語で書かれた契約書に迂闊にサインするのは慎むべきだと、村上は考えたのだ。

「頑として拒み続ける私に、球団職員は困り果てていました。そこで、日本語のわかる人を探してきてもらって契約内容の説明をしてもらいました。それを受けて初めて納得して、サインをしたのは試合開始15分前のことでした。せっかくメジャーでプレーできる契約書を提示されながらサインを拒んだ選手は私くらいのものでしょうね（笑）。職員はその契約書を持つやいなや、ナショナル・リーグの事務局へ電話で報告していました」

そしてその日の夜、村上はいきなりメジャーデビューを果たした。

前述したように、2Aも3Aも経由せず、1Aからの大抜擢である。日本で待つホークス関係者は事態を理解することは難しかったはずだ。何しろ、当の本人ですら正確に事情を把握していなかったのだから。

そして、「日本人初のメジャーリーガー」に

アメリカに行く――、それは高校時代からの夢だった。

南海ホークスの「親分」こと鶴岡一人監督に説得されてプロ入りを決めた。その際に親分が口にしたのが「プロに入ったら、アメリカ留学をさせる準備がある」という口約束だった。この言葉に村上の気持ちは揺れた。

「当時、『ローハイド』という西部劇ドラマが大好きでした。〝アメリカってすごいなぁ〟って思いながら見ていましたね。当時の高卒初任給が1万5000円から1万7000円ぐらいだったのかな？　そんな時代に日本からアメリカまでパンアメリカンの飛行機代は30万円ぐらいだったはず。なかなか気軽に行ける場所じゃなかった。だからますます憧れは募っていくんですよ」

そしてプロ2年目の春、村上にチャンスが訪れた。入団時に鶴岡親分と約束した「アメリカ留学」が実現することになったのである。当初は「3カ月間限定」というものだった。6月中旬には帰国するつもりで、その時期が近づくと村上は、鶴岡監督や先輩選手、家族への土産の準備を始めていた。

しかし、ジャイアンツ傘下の1Aフレズノ・ジャイアンツが村上を手放さなかった。カリフォルニア・リーグの防御率ランキングの上位に位置する村上の左腕はチームにとって大きな戦力となっていた。「今、チームを抜けられては困る」と言われ、気がつけば、当初の帰国予定時期は過ぎていた。

「でも、正直なことを言えば、次第に慣れてくるとアメリカでの暮らしが楽しくなっていたんです。〝このままここで暮らすのも悪くないな〟と感じていました。ジャイアンツサイドは〝ムラカミの保有権は我々にある〟という強硬な姿勢を取っていました。当時の僕は、具体的な契約内容はわからなかったけれど、〝それなら、しばらくはここに残っていようか〟と気楽に考えていました」

そして8月30日、村上は突然「明日、ニューヨークへ行け」と飛行機のチケットを手渡され、翌31日の朝、慣れ親しんだフレズノを発った。9月1日の夕方には正式に契約書を交わし、その日の夜にはシェイスタジアムのマウンドに立ったのである。

＊

小高い丘の上に立ち、村上はピッチング練習を始めた。

不思議なことにボールを握ると、緊張感は薄れていく。まだ20歳だ。失うものなど何もない。1Aで半年間磨いてきた自分の実力を存分に発揮すればいい。

日本からやってきた若きピッチャーの周りには二塁手のハル・ラーニヤ、遊撃手のホセ・パガーン、そして一塁手のウィリー・マッコビーがマウンドに駆け寄っている。それだけではない、レジェンドのウィリー・メイズ、オーランド・セペダも村上の一挙手一投足に注目していた。投球練習を続けながら、村上は決意していた。

（ついに《日本人初のメジャーリーガー》となるんだ。記念すべき初球は何が何でもストレートでなければならない……）

歴史に残る一球は、自信のあるストレートで勝負したかった。逃げるような真似は決してしたくなかった。大きく振りかぶって村上は第一球を投じる。「ズバーン」と気持ちのいい音が響いた。外角低めに決まった自慢のストレート。

アンパイアは球場中に響き渡る大きな声でコールする。

「ストライク！」

歴史の扉が開いた瞬間だった――。

もくじ

01

五十嵐亮太

敬愛学園高～ヤクルト～メッツ～パイレーツ～ブルージェイズ～ヤンキース～福岡ソフトバンク～東京ヤクルト

井の中の蛙、大海を知る

時事

「このままではいけない、何とかしなければ……」の思い

インタビューの間、「とても濃密だったけど、とても苦しかった」と、五十嵐亮太は何度も口にした。メジャーに挑んだ3年間は決して平坦なものではなかった。必ずしもいい思い出ばかりではない。むしろ、四十数年にわたるこれまでの人生において、苦難ばかりに見舞われた時期だったと言えるだろう。それでも、「あの経験があったから、今の自分がある」と、考えられるまでになった。

31歳から33歳までの時期をアメリカで過ごした五十嵐に、まずはメジャーに憧れを抱いたきっかけを尋ねた。

「元々、ノーラン・ライアン、ランディ・ジョンソン、ロジャー・クレメンス、ペドロ・マルティネスなど、好きなピッチャーがたくさんいたので、ヤクルト時代も自分でビデオを買いに行っていました。そこにはファンとしての憧れもあったし、同じピッチャーとして、〝どうやったら、あんなボールが投げられるんだろう?〟〝どうすれば自分もこんなピッチャーのようになれるんだろう?〟という単純な興味もありましたね」

日々の練習、連日の試合の合間のひとときブラウン管に映し出される異国の野球が心の癒しとなっていた。自身も速球派で鳴らした五十嵐にとって、世界最高峰の本格派ピッチャーにまばゆいばかりの憧れを覚えていたのである。

高校時代にはメジャースカウトが視察に訪れたこともある。それでも、まったく現実味はなかった。すでに野茂英雄が活躍し、日本とアメリカの距離はぐんと縮まってはいたものの、まだまだ多くの人々は、日本で行われている「野球」と、アメリカの「ベースボール」は別物だととらえていた。当時20代の五十嵐が、メジャーリーグにリアリティを抱くことができなかったのも当然のことだった。

1997（平成9）年、ドラフト2位で千葉・敬愛学園高校からヤクルトスワローズに入団した。プロ1年目こそ一軍登板はなかったものの、ファームの優勝決定戦では6回参考記録ながら完全試合を達成するなど、早くも非凡な実力を発揮すると同時に、天性の華も兼ね備えた「将来のスター候補」として注目を集めていた。

プロ2年目となる98年には豪速球を武器に不動のセットアッパーとなった。同僚の石井弘寿とともに「ロケットボーイズ」と呼ばれ、球界を代表する人気者となった。そのルックスから「球界のキムタク」と称されたこともあったし、ファンの公募により「勝利の女神が惚れた男」というキャッチフレーズを冠されたこともある。五十嵐は、若きスターだった。

順風満帆のプロ野球人生を歩んでいた09年オフ、海外ＦＡ権を行使した。

「いや、決して順風満帆ではなかったです。ＦＡ権を獲得する数年前から、〝もっと新しい自分を見つけたい〟という思いをずっと持っていました。真っ直ぐとフォークだけではない、それまでとは違う自分を見つけたいと思っていたのに、なかなかピッチングスタイルを変えることができない。やっぱり、自分に甘えがあったし、狭い世界しか知らないから、何かを変える発想力もなかったんです」

チームの中心選手として首脳陣、チームメイト、そしてファンからの信頼と人気をすでに手にしていた。内心では「現状維持のままでは落ちていくだけだ」と危機感を募らせ、「何かを変えなければ」と考えていた。

それでも、「何かを変えること」「新しいことを始めること」にはリスクを伴う。このままチームに残っていれば恵まれた環境の中でプレーを続けることができるだろう。けれども、一野球選手として考えた場合、本当にそれでいいのか？　現状に満足することなく、常にアップデートすべきではないのか？

ここに留まるべきか、それとも思い切って環境を変えた方がいいのか？

内心ではすでに答えは出ていた。

（このままではいけない、何とかしなければ……）

答えはすでに胸の内にある。それでも、「あと一歩」が踏み出せないまま時間だけが経過していった。そうした葛藤の末に09年オフ、五十嵐はついに決断したのだ。

石井一久、髙津臣吾のMLB挑戦が刺激に

きっかけとなったのは、相次ぐチームメイトのメジャー移籍だった。

02年には石井一久がロサンゼルス・ドジャースへ、さらに04年には髙津臣吾がシカゴ・ホワイトソックスへ入団する。

「さらに、07年には岩村（明憲）さんも（タンパベイ・）デビルレイズ（現・レイズ）に入団しました。結局は実現しなかったけど、石井弘寿も渡米する可能性がありました。僕の大好きな先輩たちがこうして行動を起こしている姿を見て、〞もしかし

たら、自分も……〟という思いは、だんだん強くなっていきました」

もちろん、チームメイトだけではなく、佐々木主浩、斎藤隆ら他球団ピッチャーのアメリカ行きも刺激となり、09年シーズン中に、つてを頼って極秘裏に代理人と接触する。こうして、松井秀喜の代理人として日本でも知られていたアーン・テレムと契約を結んだ。

オフのメジャー挑戦を胸に秘めつつ、21試合連続無失点を記録したこの年は56試合に登板し、3勝2敗3セーブ29ホールド、防御率3・18でシーズンを終えた。

「シーズン終了後すぐにアメリカに行き、プライベートでアナハイムのエンゼル・スタジアムを訪れました。ちょうど、アメリカンリーグの優勝決定戦が行われていて、松井さんも在籍していたヤンキースとの試合を見ました。現地でメジャーの試合を見るのは初めてだったので、さらに憧れは募りましたね」

日本とはまた異なるスタジアムの雰囲気、観客を飽きさせない華やかな場内演出、そしてファンの熱気……。初めての体験は五十嵐の心を躍らせた。当初から、「自分はあれこれ希望を言えるような立場ではない」と自覚していたので、希望球団は特になかった。条件面で注文をつけることもなかった。

そして、09年12月17日、ニューヨーク・メッツと2年総額300万ドル（約2億7000万円）で契約した。ちなみに、高校時代に五十嵐のことを視察に訪れていたのもメッツだった。改めて本人に問う。アメリカで通用する自信はあったのか、と。すると彼はつぶやくように意外な言葉を口にした。

「自信は、それまでも常にありませんでした……」

続く言葉を待った。

「ヤクルト時代にも、ずっと結果が出なかったり、失敗を繰り返したり、〝さすがにもうダメだな〟と思うことばかり経験してきました。だから、アメリカに行くときも、〝そううまくいくわけがない〟という思いだったし、未知数の部分が大きかったんです。ストレートに関してはアメリカでも速い方だったので、〝うまくいけばそれなりにいけるかも〟という思いはあったけど……」

日本ではストレートとフォークボール（スプリット）を武器に三振の山を築いていた。ときに自信を失うことがあっても、チームの中心選手としての存在感を誇っていた。それでも、恵まれた環境を自ら捨ててまで新しい世界に挑戦することを決めた。

五十嵐は腹を決めたのだ。

ボールもマウンドも異なり、多くの日本人投手がアジャストするのに苦労している中で、はたして自分のボールは本当に通用するのだろうか？　「自信」とはほど遠い心境の下で、五十嵐のメジャー挑戦はスタートしたのだった――。

ストレートとスプリットだけでは通用しない

当時の日本プロ野球最速タイ記録となる158キロを誇ったストレートには自信があった。問題は変化球だった。

「当時、投げていたのはストレートとスプリットの2つだけでした。でも、僕のスプリットはそれほど落差がなく、空振りをとれるボールではなかった。1年目はそれで臨んだけど、やっぱりそれだけではダメでしたね……」

本人の言葉にあるように、メッツでの1年目はすべて中継ぎで34試合に登板し、1勝1敗2ホールド、防御率7・12という成績に終わった。周囲はもちろん、本人もまた、決して納得できる数字ではなかった。

「開幕直後はそれなりのピッチングをしていたんですけど、4月に肉離れを起こし、故障者リスト入りしました。それなりの選手だったら、〝メジャーに帯同しながら治るのを待とう〟となるんですけど、僕はそんな立場の選手ではなかったから、開幕早々フロリダでリハビリすることになったんです。キャンプ地もこの場所だったから、〝この間までフロリダにいたのに、またフロリダかよ〟と思っていましたね」

5月には再びメジャーに昇格するものの、結果を残せずにマイナー落ちを経験する。その後は、メジャーとマイナーを行ったり来たりする日々が続いた。

ルーキーイヤーを振り返っているとき、五十嵐は意外な言葉を口にした。

「メジャー初登板の記憶がまったくないんです。覚えているのは本拠地のシティ・フィールドのブルペンから、マウンドに向かうときの緊張感だけ。どんなピッチングをしたのか、相手バッターは誰なのかも覚えていないけど、ものすごい勢いで走ってマウンドに向かった記憶はあります。緊張と興奮の極致でしたね」

五十嵐がメジャーデビューした前年の09年に開場したばかりのシティ・フィールドで、地元ファンの歓迎を受け、マウンドに上がった。それは10年4月8日、フロリダ・マーリンズ（現・マイアミ・マーリンズ）戦のことだったが、当時も今も、その記憶はおぼろげだ。

IGARASHI
18

待望のメジャーデビューを果たした瞬間だったが、特別な感慨はなかった。なぜなら、「メジャーのマウンドに上がること」が目標ではなく、あくまでも「メジャーで結果を残すこと」を見据えていたからだ。

しかし、まったく爪痕を残すことができなかった。何も手応えがないまま、五十嵐のメジャー初年度は不本意な結果で終わった。

「甘えがあった」五十嵐を変えたMLB

（このままのスタイルでは通用しない……）

胸の内に不安が芽生える。課題は明白だった。必要なのは球種を増やすこと。変化球の精度を上げること。こうして五十嵐は決断する。ダン・ワーセン投手コーチの助言によってカットボールの習得に励むことを決めた。

「1年目は苦しいときの方が長かったし、〝どうしてうまくいかないんだろう？〟と考えてばかりでした。〝このままじゃいけない、とにかく自分を変えたい〟、そんな思いでがむしゃらに取り組みました」

五十嵐は「自分には甘えがあったし、狭い世界しか知らないから、何かを変える発想力もなかった」と語った。メジャー1年目にして、すでに「甘え」は消え去り、「何かを変える発想力」も芽生えていた。

「もう、そのままではダメなことが明白なのだから変えざるを得ない。ただ、それだけです。初めはとまどいもあったけれど、実際にやってみると、それまでできなかったことができるようになる。今まで見えなかった可能性が見えてくることもある。その喜びはとても大きかった」

変えなければ生きていけない。いや、生きるためには変わらなければならない。座して死を待つつもりは微塵もなかった。

変えるしかない、変わるしかない――。

このときの五十嵐を動かしていたのは、こんな思いだった。本人の言う「狭い世界」から、大海に漕ぎ出た効果が少しずつ発揮されていた。メジャーリーガーとしての結果を残すことはできなくとも、「人間・五十嵐亮太」は確実に成長していた。

しかしここから、さらなる苦闘の日々が始まることになった。

悔しさばかりが募ったメジャー1年目の10年オフ。前述したように、彼は新たな変化球としてカットボールの習得に励んだ。

「覚悟を決めてアメリカにやってきたのに、思うような結果が残せない。悔しくて仕方がないけど、ならば自分でどうにかするしかない。メジャー1年目を終えて、新たな変化球を覚えること、変化球の精度を上げることという課題が見つかったので、まずはカットボールを覚えることにしました」

日本時代にも、新しい変化球習得に取り組んだことは何度もある。それと比較すると、このときは切実度がまったく違った。大げさに言えば、「生きるか、死ぬか？」の覚悟を持って臨んでいた五十嵐は、少しずつカットボールに対する手応えをつかんでいく。

メジャー2年目を迎えるにあたって、メンタル面でも大きな変化が訪れている。年明け早々、公式戦出場資格を持つ40人枠から外れることが決まったのだ。チームにおける自分の立場を思い知らされる。

「2年目ともなれば、チームにおいて自分が必要とされているのか、そうじゃないのかということがハッキリします。無駄なことを考えても仕方がないから、まずは現状を受け入れ、2年目はとにかく結果を残すことだけを考えました。自分の置かれている現状を変えるには結果を残すしかないから……」

プロ野球界は結果がすべてである。もちろん、そんなことは重々承知していた。しかし、心の底から五十嵐が実感できたのはこのときが初めてだったのかもしれない。日本のスター選手も、アメリカでは無名選手でしかなかった。自分の居場所は自分で作るしかなかった。厳しい現実に直面したからこそ、腹を括ることができた。

このときこそ、本当の覚悟が定まった瞬間だったのかもしれない。

救いとなったのはチームメイトである高橋尚成の存在だった。同時期に海を渡り、ともにメッツに入団した。異国の地での挑戦の日々、互いの存在が癒しとなった。

「尚成さんの存在は大きかったですね。2人でよくご飯を食べに行きました。1年目だからお互いに必死なんだけど、尚成さんといるときだけは気持ちが落ち着きました。アメリカでの生活において、自分の考えと違うことやうまくいかないことがあっても、尚成さんはきちんと自分の意見を言っているのもカッコよかった。僕の場合は否定もしないし、肯定もしない。ただ受け流すだけだったから、きちんと自分の意見を言える尚成さんの存在は心強かったですね」

ちなみに、日本人を含めたアジア人、そして黒人やヒスパニックへの人種差別について、五十嵐は「特に実感したことはない」と語る。

「人種差別について、〝すごく被害を受けた〟と言う人もいるけど、僕自身はまったく感じたことはなかったです。僕らのようなアジア人、そして黒人もいればラテン系もいるし、白人もいる。その中でアジア人だけが迫害されているとは思わなかった。それは、たまたまいいチームメイトに恵まれたからなのか、それとも僕が気づいていないだけなのかはわからないけど、僕としては人間関係のストレスはあまり感じなかったです」

五十嵐はカントリーミュージックを好んだ。カントリー歌手としてデビューしていたテイラー・スウィフトのグラミー賞最年少受賞が話題になっていた頃のことだ。

五十嵐の好みを知ったチームメイトがわざわざベスト盤を作ってプレゼントしてくれたこともある。クラブで踊ったり、酒を呑んだり、家族ぐるみでバーベキューをしたり、五十嵐の交友関係は充実していた。

確実に、五十嵐は人間的に成長していた。

「こんなに野球と向き合ったのは初めてじゃないか」

スワローズ時代には間違いなく必要とされていた選手だった。しかし、アメリカではそうではない。現状を嘆いても、不満を募らせても、事態は決して好転しない。ならば、すべてを受け入れて、がむしゃらに突き進むだけだった。

「こんなに野球と向き合ったのは初めてじゃないか、というくらい向き合いましたね。日本でも向き合ってはいたけれど、その比にならないくらい、アメリカではずっと野球のことばかり考えていました」

常にボールを手にしていた。感触になじむためでもあるし、新たな球種の握りを確認するためでもあった。肉離れで走れなくても、腰かけたままで腕の振りを何度も確認した。対戦相手のデータを頭に叩き込むことも重要だったし、通訳を介さずにキャッチャーとの円滑なコミュニケーションを図る努力も惜しまなかった。

しかし、2年目もまた思うような成績を残すことができなかった。硬いマウンドには対応できたものの、多くの日本人投手がそうであるように、ボールに馴染むことができなかった。メジャーとマイナーでボールが違うことも五十嵐を苦しめた。だから、マイナーにいる間もメジャー球でキャッチボールを続けた。

メッツでの2年間は、通算79試合に登板して5勝2敗、防御率5・74に終わった。

そして、11年10月、メッツは五十嵐の解雇を発表する。

期待と不安とともに海を渡ったものの、結果を残すことはできなかった。

しかし、ここからの行動は実にアクティブだ。同年オフに行われたドミニカ共和国でのウインターリーグに志願して参加。実戦を通じてカットボールをマスターする。

そして、12月にはピッツバーグ・パイレーツとマイナー契約を結んだ。

「2年目を終えて、メッツをやめたときに日本の数球団からオファーがありました。でも、そのまま日本に帰るのはちょっとむなしい。〝もっとやり切りたい〟という思いがあったので、アメリカに残ることを決めました」

この時点で五十嵐は再び腹を括った。たとえどんな結果になろうとも、「この1年を徹底的にやり切る」と決めたのだ。

「せっかくアメリカに来たからには、日本に戻る前にすべてのものを見よう。すべての経験をしよう。そう心に決めました」

ある程度の活躍が約束された安住の地、日本球界からのオファーを断ることを決めた。アメリカに残ってもマイナー契約からのスタートで、メジャーで投げられる保証は何もなかった。それでもいい。このまま帰国すれば、絶対に後悔するだろう。やるだけのことをやってから日本に帰っても遅くはない。今、目の前の現実から目を背けてはいけない。

大海に飛び出した井の中の蛙が、濁流に流されながらも、「とことんアメリカで生きていこう」と覚悟を決めた。自ら退路を断ち、五十嵐はアメリカでの3年目を歩むことを決めたのである。

「さっきも言ったけど、このとき感じていたのは、〝このまま日本に帰るのはむなしいな〟という思いでした。家族からも、〝今すぐに戻らなくても大丈夫だよ〟って後押しをしてもらいました。僕らはプロだから、当然結果を残さなければいけないし、お金も稼がなければいけない。でも、たとえ結果を残すことができなかったとしても、〝せっかくアメリカにいるのだから、ここで経験できることは何でもやろう〟と決めました。目の前にあるものを全部見る。全部知る。全部体験する。そうでなければ、もったいない。そんな気持ちになりました。できることすべてをやり切ってから日本に帰ろう。そんな思いでしたね」

2年間の奮闘を通じて、五十嵐にも現実は見えていた。自分の置かれている状況も理解していた。その上で、「何でも見てやろう」と決意した。

覚悟を決めた男は強い。

五十嵐にとってのアメリカラストイヤーが始まろうとしていた。

3年で幕を閉じたアメリカ生活を振り返って

勝負の3年目。スプリングキャンプ後、またしても40人枠から外れた。それでも五十嵐は挫けない。

「この年は変にアメリカナイズされていたというのか、〝自分の意思はしっかり伝えよう〟と決めていたので、すぐに代理人に〝他球団を探してほしい〟と直訴しました。その結果、トロント（・ブルージェイズ）への移籍が決まりました」

1年目よりも2年目、2年目よりも3年目。時間の経過とともに、ますます立場は厳しくなる。ぐずぐずしている暇はなかった。

ブルージェイズでは2試合に登板したものの、すぐにマイナーに降格する。

「このときも、代理人に〝マイナーに行くなら、リリースしてほしい〟と言い、チームを去ることに決めました」

すでにシーズンは開幕している。どこからもオファーがない可能性もあった。それでも、「何もせずに後悔したくない」と自ら退団し、新たな球団のオファーを待つ選択をする。

「すると、すぐにニューヨーク・ヤンキースからオファーが来ました。クローザーのマリアノ・リベラが故障して、中継ぎ陣が手薄になったことで声がかかったんです」

まったく予期していなかった。期せずして、名門・ヤンキースの一員となることとなった。世界中の野球ファンが一目置く伝統ある球団のメンバーとして、栄光のピンストライプユニフォームに袖を通すことが決まったのである。

しかし、ここでも出番を与えられることはなかった。

ヤンキース時代には2試合に登板した。古巣メッツとの「サブウェイシリーズ」では、先発・黒田博樹の後を受け、チームに勝利をもたらしたこともある。ヤンキースでの華々しい活躍はその程度だった。

「ヤンキースではほとんど出番がなかったけど、イチローさんも黒田さんもいたし、球場に行けばスター選手のデレク・ジーターにロビンソン・カノもいた。ほぼマイナー生活でしたけど、とても充実していた時期でした」

当時、福留孝介もヤンキースの一員だった。しかし、五十嵐と同様、彼もまたマイナー生活を余儀なくされていた。

「この頃、孝介さんとはいろいろな話をしました。食事に何度も行ったし、お互いの気持ちを率直に打ち明け合いました。自分だけでなく、彼もまた悩み苦しみながら奮闘している。孝介さんの存在はとても大きかったです」

挫けそうになる心を互いに支え合う存在。両者とも、日本に戻ればトッププレーヤーとしての地位が保証されていた。それでも、あえて過酷な環境下に身を置いて挑戦を続けた。まさに両者は、「同志」としての連帯感を抱いていた。

この間も野球には真摯に取り組み続けた。このヤンキース時代に新球ナックルカーブを習得する。持ち球のカーブに改良を加え、人さし指を立てるように投じることで、落差の大きいカーブをものにしたのだ。

メジャーの晴れ舞台でそれを披露することはなかったものの、五十嵐は最後までもがき続けた。あがき続けた。それは、日本に留まっていたら決して経験しなかったことだった。

そして、3年目のシーズンが終わる。そのほぼすべてをマイナーで過ごした五十嵐に好条件のオファーが舞い込むことはなかった。こうして、五十嵐にとってのアメリカ生活は幕を閉じた。やるだけのことはやり切った。そんな自負があった。

「正直、3年目のシーズン途中に日本に帰ることもできました。けれども、最後までやり切った。僕にとっては苦しかったけれども、大切なのはその経験を後の人生に繋げること。そうでなければ、あの3年間の意味がなくなってしまうから」

前述したように、日本球界からのオファーは複数球団からあった。いつでも戻ることができたにもかかわらず戻らなかった。「戻れなかった」のではなく、自らの意思で「戻らなかった」のだ。それは決して見栄や体面のためではなかった。

あえて言うなら、それは「意地」とでも言うべきものではなかったか？

安住の地を自ら放棄してまで新しい世界に身を置くことを求めた。何も言わずに賛成してくれた家族、渡米に向けて奔走してくれた古巣・スワローズの関係者、自身の生活をサポートしてくれる通訳やトレーナー……。

すべての人々の恩に報いるためにも無駄死にすることはできなかった。彼らの期待に結果で応えることができない以上、とことんあがき、もがき、悩み苦しむ姿勢を失わないことこそ、自身を支えてくれる人々への恩返しとなる。

そんな意地こそが、この頃の五十嵐を突き動かしていたのではないだろうか？

そして、戦いは終わった。すべてを出し尽くした。


83試合5勝2敗0セーブ4ホールド、防御率6・41——。


これが、アメリカで孤軍奮闘した五十嵐が残した結果である。決して満足のいくものではなかったけれど、それでもまったく悔いはなかった。不思議な爽快感さえ感じられた。それは、すべてを出し切った者だけが手にすることのできる感情だったのかもしれない。

五十嵐は3年間、全力を尽くしたのだ。

ヤンキース時代に習得した新球で日本球界に復帰

そして、13年からは福岡ソフトバンクホークスに入団する。

入団を決めた理由の一つに、「パ・リーグを体感してみたい」という思いがあった。アメリカではアメリカンリーグとナショナルリーグに在籍した。日本ではすでにセ・リーグに所属経験がある。「ならば、今度はパ・リーグを経験してみよう」と考えたのだ。

それは、アメリカ生活で身につけていた「何でも見てみたい」という貪欲な姿勢の表れでもあった。技術的にはアメリカでマスターしたカットボールとナックルカーブを引っ提げ、以前とは異なるピッチングスタイルで、ここからホークスで6年、古巣のスワローズでさらに2年、日米合計23年、41歳まで現役を続けた。

「アメリカに行かずにヤクルトのままだったら、40歳過ぎまで現役はできなかったはずです。アメリカで学んだナックルカーブがあったからこそ、その後も現役を続けることができた。何でもやってみること、発想の幅を広げること。それは、いずれもアメリカで学んだことでした」

それこそ、五十嵐がアメリカで決意した「何でも見てやろう」「何でも経験してやろう」精神の体現であった。

ホークス時代、当時の秋山幸二監督に「二軍で調整したいので1カ月時間をください」と直訴したことがある。カットボールのような小さく変化するボールに加え、大きく変化するナックルカーブの精度を高めたいと考えたからだ。

「日本で結果を残すためには、このナックルカーブがすごく重要だと考えました。正直言えば、〝このまま一軍にいてもたいした成績は残せないな〟って思っていました。だから、当時の高山（郁夫）コーチに自分の考えを伝えて、二軍行きを直訴しました。高山さんには〝それは一軍ではできないのか？〟と言われたけど、一軍で結果を残しながら精度を高めることは難しいと思ったので、あえて二軍行きをお願いしました」。それがチームのためになると思ったからです。

高山から話を聞いた秋山は「わかった。納得いくまでやってこい」と快く送り出してくれた。だからこそ、五十嵐も意気に感じて万全の状態で一軍に戻ってきた。

「本来なら、選手がそんなことを言ってはいけないんです。でも、日本のボールに慣れるために、ナックルカーブを完全に自分のものとするために、調整の時間が必要だったから、直訴しました。それまでの自分だったら、そんな主張はしなかったはずです。選手としてみたら、それはマイナスです。もしかしたら、チームにとってもマイナスになるかもしれない。それでも自分の考えはしっかりと伝えた方がいい。自分では、〝これが正しい判断だ〟って思っているわけですから。こうした自己主張の大切さを学んだのもアメリカでした」

五十嵐いわく、「それはセルフィッシュな行動」だった。一選手が監督に直訴して自分の意見を伝えることなど決して許されることではない。一人の選手にそれを認めてしまえば、チームは収拾がつかなくなる。それは理解していた。それでも五十嵐は、自分のために、そしてチームのために自己を貫いた。

すべてを出し尽くしたあの3年間には反省も課題もない

日本球界に留まっていたならば、こうした自己主張をすることもなかったはずだ。しかし、ときには自分の考えをきちんと主張することの大切さをアメリカで身につけていた。

「アメリカでは本当に苦しい3年間でした。朝起きたときに、球場まで足が進まないほどでした。〝もしかしたら、自分は鬱病なのかもしれない〟、そんなことを思ったのは、あれが最初で最後でした。でも、あの経験をその後に繋げることができた。過去の失敗が生かされた。後悔だけで終わらせない。結果は残せなかったけれど、僕にとっては本当に貴重な3年間でした」

改めて、五十嵐に問う。

「アメリカで奮闘した3年間、〝こんなことをすればよかった〟という反省、あるいは、〝これを克服できなかった〟という課題はありますか？」

この問いに対して、五十嵐は迷いのない口調でキッパリと言った。

「反省も課題もないです。すべて受け入れています。あれが僕の実力であり、できることはすべてやったと思っていますから」

あまりにも清々しい口調が印象的だった。五十嵐は続ける。

「……後悔だけで終わる過去ってもったいないじゃないですか。いくら嘆いてももう戻ってこない過去に対して後悔するよりも、そこから何かを生み出す方がずっといい。偶然に見えることも、もしかしたら必然なのかもしれない。哲学的な難しいことは僕にはわからないけど、〝どにかく悔しいままで終わりたくない〟という思いが根底にはありますね」

最後に、これからメジャー行きを目指す後輩たちへのアドバイスを聞くと、自身の体験を踏まえて、五十嵐は言う。

「今、目の前にあることに対して、どれだけ夢中になれるか、それが大切だと思います。目の前にあることに対して、どれだけ妥協せずに取り組むことができるか。僕自身は、決して成功と言える結果を残したわけではないけれど、それでも野球に対して、あれだけ夢中で取り組んだことはなかったし、妥協もしなかった。それは、ある意味では〝視野が狭かった〟と言えるのかもしれないけど、これまでの人生において一度も経験したことのない時間でした。やっぱり、あの3年間は僕にとって、とても大きな意味を持つものでした。これからメジャーを目指す人がいるとしたら、僕からはそんなことを伝えたいですね」

インタビューが終了して、退室間際に彼は言った。

「いい経験でしたよ、決していい思い出ではないけどね」

自らの言葉をかみしめつつ、五十嵐は静かに笑った。

決していい思い出ではない。けれども、間違いなくいい経験となった。その言葉に嘘はないはずだ。20代後半を迎え、すでにスター選手となっていた五十嵐は「このままではオレはダメになる」との思いを抱きつつ、それでも自ら動くことができなかった。追い詰められて、もう何も失うものがないときに起こすアクションと、すべてにおいて満たされ安住の地にあるときに、あえてそれを捨ててまで起こすアクションとでは、微妙な、いや、大きな違いがある。

環境的には恵まれた状態にありながら、自分の胸の内に芽生えた小さな違和感を無視することなく、五十嵐は勇気を持って大海に飛び出したのだ。

井の中の蛙、大海を知る——。

五十嵐亮太にとって、アメリカで悪戦苦闘し、もがき続けたこの3年間はまさにそんな時期だったのである。

五十嵐亮太
RYOTA IGARASHI

ニューヨーク・メッツ（2010-2011）
ピッツバーグ・パイレーツ（2012）
トロント・ブルージェイズ（2012）
ニューヨーク・ヤンキース（2012）

1979年5月28日、北海道留萌市生まれ。敬愛学園高校から1997年、ドラフト2位でヤクルトスワローズから指名。2009年にニューヨーク・メッツと2年総額300万ドル(約2億7000万円)で契約。2010年4月8日のフロリダ・マーリンズ戦でメジャー初登板。2011年オフ、ピッツバーグ・パイレーツとマイナー契約を締結。2012年3月トレードでトロント・ブルージェイズに移籍。5月メジャーに昇格も40人枠を外れるDFAに。同月ウェイバー公示を経てニューヨーク・ヤンキースに移籍。6月にメジャー昇格も、8月に40人枠から外れる。同年11月16日に福岡ソフトバンクホークスと契約。2018年東京ヤクルトに復帰、2020年現役引退。179㎝、91㎏、右投げ右打ち

通算成績

	登板	勝	敗	セーブ	投球回	四死球	奪三振	防御率
NPB（18年）	823	65	39	70	866.1	416	920	2.93
MLB（3年）	83	5	2	0	73.0	58	72	1.81

AFP＝時事

02 福留孝介

PL学園高〜日本生命〜カブス〜インディアンス〜
ホワイトソックス〜阪神〜中日

変えるべきこと、変えてはいけないこと

カブスからの53億円提示に「えっ、何で？」

24年にわたる現役生活において、日米通算２４５０安打を積み上げた。このうち、アメリカでの5年間で４９８安打を放った。

中日ドラゴンズから始まり、アメリカでの5年間を経て、阪神タイガースで日本球界復帰を果たした。そして、最後の2年は古巣に戻り、ドラゴンズのユニフォームで現役生活を終えた。およそ四半世紀もの間、徹底的に野球とともに過ごした福留孝介にとって、「あの5年間」「この４９８安打」は、どのような意味を持つのか？

まずは、シカゴ・カブス入りを決意した「30歳の冬の日」から振り返りたい。

２００７（平成19）年、入団9年目30歳で迎えたこのオフ、福留はＦＡ権を行使した。02年、そして06年には首位打者に輝き、最高出塁率のタイトルもすでに三度も獲得していた。球界全体が彼の動向に注目する中でのＦＡ宣言だった。

「せっかく手にした権利なので、まずは行使してみたかった。ドラゴンズ残留を基本線として、〝自分はどの程度の選手なのか？〟他球団からの評価を聞いてみたかった。それが当時の素直な気持ちでした」

基本はあくまでもドラゴンズ残留であり、メジャー挑戦は夢にも考えていなかった。それでも、自分でも予期せぬ展開が待ち受けていた。

子どもの頃から甲子園を目指し、その先のプロ野球選手が憧れだった。

１９７７（昭和52）年生まれで、昭和期の野球少年だった彼にとって、メジャーリーグは遠い夢の世界だった。マッシー村上が活躍した頃はまだ生まれておらず、野茂英雄が海を渡った95年にはすでにＰＬ学園の注目選手であり、メジャーへの憧れは皆無だった。

それでも、「一野球人として、自分はどの程度の選手なのか？　メジャーも含めた他球団からの評価を聞いてみたい」。それが率直な思いだった。

当時の報道によれば、ドラゴンズからの提示は4年16億円。読売ジャイアンツからは6年契約が提示され、年俸もドラゴンズよりはかなり高かったという。

この年の福留の年俸は3億８５００万円だった。ドラゴンズの提示額は、わずか１５００万円の昇給にすぎない。下交渉の際には、球団関係者から「うちはこれ以上出せないから」とハッキリと言われた。「ドラゴンズ在留」を基本線としてはいたが、胸の内で言葉にできない寂しさを感じたのも事実だった。

「自分は商品ですから、FA宣言をしたときに、〝最も高い評価を受けた球団に行こう〟と初めから決めていました。そこで、すべての球団からのオファーが出そろうのを待ちました。その結果、予期していなかった球団が最高の評価をしてくれたんです……」

それが、本人もまったく想像していなかったシカゴ・カブスだった。

カブスからの提示額は4年総額4800万ドル。当時のレートで約53億円という破格のものである。当然、ジャイアンツからの提示額を大きく上回っていた。

「驚きました。〝嬉しい〟というよりは、〝えっ、何で?〟という不思議な感覚の方が先でした。一度もアメリカでプレーしたことがないのに、どうしてそこまで高い評価ができるのか? やっぱり〝不思議だな〟という感覚がしっくりきますね」

このとき、福留はハッキリと先達への敬意を抱いている。

「僕自身がアメリカでプレーしたわけでもないのに、ここまで高い評価を受けたのは、先にメジャー入りしていたイチローさん、松井(秀喜)さんが実績を残してくれたからこそだと思いました。だからこそ、僕も次の世代のために頑張らなければ、と感じたことは、よく覚えています」

村上雅則から始まり、ときを経て野茂英雄、イチロー、松井秀喜と連なる偉大な先輩たちが築き上げてきた「日本人メジャーリーガー」の系譜。

自分が活躍すれば、それは後輩たちへの確かな指標になると同時に、メジャーリーグにおける日本人選手の評価も高まることになる。このとき福留は、自らの意思で「日本球界」「日本人メジャーリーガー」の看板を背負うことを決めた。

自らにプレッシャーをかけ、不退転の覚悟で臨むことを決意したのである。

リハビリで訪れたアメリカ。30歳の「予期せぬ転機」

メジャー行きを決めた07年は福留にとって激動の一年となった。

30歳で迎えたこの年のシーズン中、ライトからサードに送球した際に右ひじを痛め、8月には渡米して手術を受け、リハビリ生活を送った。

この間に、この年から導入された故障者特例措置の恩恵もあってＦＡ権を取得する。福留のアメリカ行きの障壁はなくなっていた。

「手術とリハビリの間、しばらくアメリカに滞在しました。その間にドジャースタジアムには何度も行きました。それまでオリンピックやＷＢＣ（ワールド・ベースボール・クラシック）で、アメリカの球場で試合をした経験もあったけど、通常のレギュラーシーズンをスタンドから観戦するのは、また違った新鮮な感覚でした。ちょうどドジャースには斎藤隆さん、石井一久さんが在籍していました。このとき、〝こういう雰囲気の中でプレーしてみたいな〟という思いにはなりましたね」

かつて福留は、日本生命時代に日本代表に選出されてミネソタ・ツインズと練習試合をしている。ちょうど、カービー・パケットが現役引退をする頃のことである。

「このとき、相手のバッターもピッチャーもみんな独特なフォームでプレーしていたことが印象に残っています。〝何だこれ、みんな自由なフォームだなぁ〟って感じました」

96年アトランタ五輪で銀メダル、04年北京五輪では銅メダル獲得の立役者の一人となった。また、06年の第1回ＷＢＣでは準決勝、決勝で大活躍して優勝の原動力となった。国際大会出場経験はあったけれど、こうしてじっくりとレギュラーシーズンの戦いをスタンドから見る体験は新鮮だった。

「それまで、イチローさんや松井さんが凡打に倒れるシーンを映像で見ていて、〝あの人たちが打ち取られるということは、一体、どんなボールなんだろう?〟という思いでいました。でもこのとき、観客席からとはいえ、実際に自分の目で見たことで、ある程度のスピード感や変化球の曲がり幅を実感することができました。〝もしも自分だったらどう打つかな?〟と考えたことで、俄然メジャーに対する興味がわいたのは事実ですけど、それでもまだこのときは自分がメジャーに行くことになるとは思っていませんでした」

30歳で迎えたこの年のオフに福留は結婚する。同時に初めての子どもが誕生する。本人の言葉を借りるならば、「新しいことにチャレンジするにはいい機会」だった。こうして、本人も周囲もまったく予期していなかったメジャーリーガーとしての日々が始まった。

入団会見は07年12月19日、カブスの本拠地であるリグレー・フィールドで行われた。福留に用意されたのはドラゴンズ時代と同じ背番号《1》である。年俸と同様、期待の大きさの表れだった。

「リグレー・フィールドはすごく魅力的でした。アメリカではボストン・レッドソックスのフェンウェイ・パークに次ぐ歴史を持つスタジアムですけど、蔦に覆われた外野フェンスなど、とても雰囲気のある球場でした。自分では落ち着いていたつもりだったけど、ユニフォームに袖を通した瞬間、やっぱり興奮しましたね」

故障、手術、リハビリ、そしてFA移籍によるメジャー挑戦。私生活では結婚と子どもの誕生、アメリカへの引っ越し……。

激動の07年を終え、挑戦の08年が始まろうとしていた――。

「何も変えない」と決意した理由

アメリカ行きにあたって、福留には「ある決意」があった。それが、「何も変えない」という選択だった。

「まず頭の中にあったのは、〝自分がどこまで通用するのかを試してみよう〟という思いでした。だから、〝いきなり向こうのスタイルに合わせよう〟という思いはまったくなくて、日本で自分が取り組んできたことの何が通用するのか？　あるいは、どこを変えなければならないのかを知るために、日本でやってきたそれまでのスタイルを貫くことに決めました」

　このとき、福留の頭にあったのはひと足早い04年にメジャー挑戦を果たしていた松井稼頭央の姿だった。

「僕らからすれば、稼頭央さんの守備を〝本当にすごいな〟という思いで見ていました。でも、そんなにすごい人でもアメリカに行けば、〝肩が弱い〟とか、〝ショートでは難しい〟という評価を下される。僕にはそんな発想はまったくなかった。ということは、僕の評価とメジャーの評価は違うということになります。だから〝アメリカ用に何かを変えよう〟という思いなんてありません。まずはそのままのスタイルでやってみるしかなかった。もちろん、自信なんてありませんでした」

　松井秀喜はメジャー入りが決定した直後、バット材をそれまでの国産アオダモから北米産のホワイトアッシュに変更した。一般的に、アオダモは水分の含有量が多く、しなりを利かせてボールを運んでいくのに対して、ホワイトアッシュやメイプルはアオダモよりも硬く、ボールを弾く傾向にあると言われている。このとき松井には「現地の気候に合った適材がバットになるのであれば、それを使うのは当然のこと」という考えが根底にあった。だからこそ、それに伴って打撃フォームも微調整することを決めた。

「結果的に僕も1年目の夏にアオダモからカナダ産のメイプルに変更するんですけど、カブスに入った直後は日本で使っていたアオダモのバットを使っていましたし、打撃フォームも変更しませんでした」

100％の自信があったからではない。むしろ「そのままで通用するはずがない」と考えていたからこそ、あえて「そのままで臨む」ことを選択したのだ。

その理由は何か？　福留は繰り返す。

「野球選手というのは、常に〝これでいいのか？〟と自問自答しています。僕自身も、カブス入団直後から、ずっとそう思っていました。でも、まずは〝何が通用するのか？〟〝どこを変えなければいけないのか？〟を知るには、そのままで臨んでみて、その結果を踏まえてアジャストしていくことが大切だと考えたからです」

スプリングキャンプでは、基本的には「日本流」を貫きつつ、何があってもすぐに対応できるよう、不測の事態に備えて「アメリカ流」の練習も続けた。具体的に言えば、日本時代よりもわずかに始動を早めたり、右足を上げることなく、すり足気味に打ってみたり、ノーステップで打ってみたりといろいろなことを試した。

手探り状態ではあったものの、「今、できること、やるべきことは何か？」を自問自答した結果、彼が導き出した最善の方法が「何も変えない」だったのである。

メジャーデビュー戦での見事な活躍

そして迎えた08年3月31日、ミルウォーキー・ブルワーズとの開幕戦――。

5番ライトでスタメン起用された福留のメジャー第1打席が訪れる。

「とにかく初球は何でもいいから振ってやる。そんな思いで打席に入りました」

相手先発、ベン・シーツから放った打球はセンターの頭上を越えるツーベースヒットとなる会心の一撃だった。幸先のいいスタートで、一気に緊張から解放された。

さらに見せ場は9回に訪れる。ドジャース時代には不動のクローザーとして鳴らし、投手最高峰のタイトルであるサイ・ヤング賞を獲得したエリック・ガニエから同点3ランホームランを放ったのだ。

「初球、2球目とボールが続いたので、その時点で〝真っ直ぐしか待たない〟と決めました。スリーボールからストライク一つを挟んで、カウントはスリー・ワンに。ガニエはチェンジアップのイメージが強いけど、〝チェンジアップならゴメンなさい〟のつもりでスイングしました。打った瞬間、〝入ったな〟とわかりましたよ。ダイヤモンドを回っている間、ちょっと興奮状態でしたね（笑）」

本拠地で迎えた開幕戦。大声援を背中に浴びながらダイヤモンドを一周する。ダグアウトに戻ってもまだ地鳴りのような声援が鳴りやまない。100年ぶりのワールドシリーズ制覇を夢見るファンたちはスタンディングオベーションでルーキーをたたえている。少し照れた表情で、それに応える福留。最高のスタートとなった。

アメリカでは、福留について「イチローと松井を足して2で割ったような選手」と評されていた。おそらく、「イチローのスピード、バットコントロールと松井のパワーを併せ持つ」という意味なのだろう。しかし、本人は言う。

「もちろん、僕はイチローさんとも松井さんとも違うバッターです。僕自身は、〝常にいろいろなことを想定して準備している選手〟だと思っていました。打撃でも走塁でも、あるいは守備の場面でも、一球ごとにシチュエーションを想定しながらプレーしている。そんな選手だと、自分のことを見ていました」

イチローとも松井とも違う「福留スタイル」で勝負する。それはつまりは、日本で行っていたことをアメリカでも徹底するということでもあった。

あえて日本流を貫くこと。あえて狙い球をストレートに絞ること。「ここぞ」の場面で腹を括れる福留の胆力が好結果をもたらすことになったのである。

日本時代には想像もできなかった「練習できないストレス」

メジャーデビュー戦で見事な活躍を見せた。4月は打率、出塁率ともにチームを支える好成績を記録したものの、5月以降、成績は徐々に降下していった。

一体、福留に何があったのか？

「もちろん、相手に研究されたということもあったんですけど、ルー・ピネラ監督の方針で、相手が右投手のときにしか試合に出られないという起用法にとまどったことも大きな理由でした。相手が左投手のときには起用されない。日本ではそんな経験はなかったから、これはかなりとまどいました。でも、この時期の最大のストレスは〝自由に練習できない〟ことでした」

福留は監督に、「なぜ左投手のときに起用されないのか、どうすれば使ってもらえるのか？」と直接尋ねたという。

「でも、監督からは〝シーズンは長いから、適度に休みを与えながら頑張ってもらうつもりだ〟と言われました。もちろん、そんな答えでは納得はできません。でも、それ以上は何も言うことはできませんでしたけど」

監督の方針として、「試合前に過度な練習をするな」という教えがチームに徹底していた。もちろん、試合に支障をきたすようなハードな練習をしていたわけではない。けれども、日本で行っていた福留流調整スタイルはピネラ監督にとって「やりすぎだ」と映っていたのだ。

「お前は練習をするためにアメリカに来たのか？」

面と向かってそう言われれば、もはやそれ以上何も言えなかった。

「この頃、明らかに練習量が減っていました。だから、日本にいるときのようにじっくりとウォーミングアップしたかったので、朝、ランニングをしていたら、監督から〝やめろ〟と命じられました。もちろん、表向きは監督の指示に従ったけど、それで結果が残せなければ自分に返ってくる。正直言えば、〝やめろ〟という理由もよくわからないし、〝訳わからん〟という思いでした。だから監督が来るよりも早くグラウンドに出たり、違う場所で走ってから球場に向かったりするようになりました」

開幕直後は、スプリングキャンプでの練習の成果が発揮され、結果を残すことができた。しかし、シーズン開幕後は思うように練習する時間が取れない。日本時代にはまったく想像もできなかった「練習できないストレス」が福留を悩ませていた。

さらに、通訳との信頼関係を築き上げることも重要課題だった。球団が用意してくれた通訳とは、現地で初めて出会った。いちばんの理解者であり、協力者でもある通訳との人間関係の構築すら一から始めなければならなかった。

また、前述したように夏を迎える頃、福留はバット材をアオダモからメイプルに変更している。その理由を問うた。

「相手投手の体重も重いし、スピードも速い。そして、ボールも日本のものとは違います。すると、打った瞬間の感覚が異なるんです。重いんですね。アオダモはバットとボールが当たってからのしなりでボールを運んでいくんですけど、アメリカではインパクトの瞬間、少しだけ押し戻されるんです。そうなるとアオダモの特性であるしなりが使えなくなる。打った後のバットを見ると、ボールの勢いでめり込んだ痕が残っていました。それは日本では経験したことのないものでした。ホワイトアッシュはすぐに目剥がれしてしまい耐久性がない。それでメイプルを使うことにしました。アメリカにいる間はもちろん、その後、日本に戻ってからもずっとメイプルでした」

一般的に、メイプルはアオダモより硬く、ボールの反発係数も高いと言われている。言葉にするならば、バットに乗せてボールを「運ぶ」のがアオダモで、「弾く」のがメイプルと言えるだろうか。

当初は「日本流」を貫きつつ、少しずつ「アメリカ流」にアレンジしながら、福留のルーキーイヤーは進んでいった。

変化を恐れず臨機応変に対応した2年目

カブスでのメジャー1年目となった08年は150試合に出場して、打率・257、10本塁打、58打点に終わった。開幕戦では初打席初ヒット、さらには初ホームランも放った。チームは好調で、オールスターにはファン投票で選ばれた。

この頃、本拠地であるリグレー・フィールドでは「偶然だぞ」と記されたボードを掲げる地元ファンの姿があった。

「ライトを守っていたら、ファンの人が《偶然だぞ》って日本語のボードを掲げているのが見えました。僕が打ったことについて、〝お前が打てたのは偶然だぞ〟って言われているのかなって思ったけど、でも、決して批判している感じでもない。まったく意味がわからないから、すぐに通訳に尋ねましたよ」

カブスファンが好んで使う「It's gonna happen」(「何かが起こるぞ」「ついにそのときが来た」)をネット翻訳したのがこのフレーズだったのだ。

「僕が守備に就いているときには多くのファンが《偶然だぞ》って掲げているから、それを見ながらずっと笑っていました」

熱狂的な地元ファンからも愛される上々のスタートを切ったはずだった。

しかし、夏場に差しかかると成績は下降する。ピネラ監督の「試合前にはハードな練習をするな」という方針もあって、日本で行っていたような練習ができず万全のコンディションがキープできなかったのだ。

「1年目は日本でやってきたスタイルのままプレーしたけど結果が出なかった。だから2年目はステップの仕方、タイミングの取り方、トレーニング方法も変えたし、それに伴ってバッティングフォームにも修正を加えました」

自分を信じ、ブレずに信念を貫くこと。その一方で固定観念に固執せず、変化を恐れず臨機応変に対応すること。

福留にとって、前者が1年目であり後者が2年目だった。

「手元でボールに差し込まれないよう足を上げずにスライドステップやノーステップを試みました。それまで試したことのない打ち方だったので、〝こういうときにはどうすればいいんだろう？〟と、いろいろ試行錯誤の連続でした。そして、さっきも言ったように1年目の夏からはボールの反発に負けないようにバット材は日本産のアオダモからカナダ産のメイプルに替えました」

「微差は大差」という言葉がある。他人から見ればわずかな差であっても、当事者にとっては「なかなかアジャストできない」大差であった。

「郷に入れば郷に従えじゃないけど、いつまでも日本でのやり方にこだわっていてもストレスを溜めるだけですから、〝そういうものなんだ〟と割り切るようにしていました。自分ではどうにもならないことに対して、〝あれができたら、これができたら……〟と考えてもイライラするだけですから、〝これはそういうものなんだ〟って、とにかく割り切って考えること。それに徹していました」

自分の意思で変えられないことに対していつまでも抗っていても意味はない。だからこそ、ある意味での達観が重要になってくる。日本にいた頃と比べると、確実に我慢強くなっている自分に気がついた。渡米後、「性格が丸くなった」と妻に言われたという。「自分では丸くなったという自覚はないんですけど」と福留は笑った。

「日本にいるときはある程度のことは自分一人でできました。でもアメリカでは通訳や練習パートナーもそうだし、周りのサポートがなければ何もできない。日本での当たり前がアメリカでは通用しない。そんなことに気づかされました。その結果、妻の言うように性格が穏やかになり、丸くなってきたのかもしれませんね（笑）」

アメリカでの2年目、3年目も、思うような成績を残すことはできなかった。いずれも、春先は成績がいいのに、夏場になるとベンチを温める試合が増えていく。与えられた環境の下で自分にできることは精いっぱい取り組んだ。それでも結果が出ないままカブスでの4年契約の最終年を迎えた。

メジャー4年目、自らの意思で決めた移籍

例年通り、4月は打率・383を記録。好調なスタートを切った。しかし、少しずつ成績が下降すると同時に出番も失われていく。そして、シーズン途中の7月28日、自らの意思でクリーブランド・インディアンス（現・クリーブランド・ガーディアンズ）に移籍を決める。

「試合に出る機会が少しでも欲しい。このときは、そんな思いから自分で判断しました。やっぱり、野球をやっている以上は試合に出ないと面白くないですから。元々の契約では、僕の意思でインディアンスはトレード先の候補には入れていませんでした。けれども、それを自ら覆してまで移籍を求めたのは、とにかく試合に出られるチャンスの多いところがほしかったからです」

しかし、この年のオフ、契約満了に伴ってインディアンスを去ることになった。

新たなチームを模索していた頃、獲得に名乗りを上げてくれたのがシカゴ・ホワイトソックスだった。主に代打や守備固めでの起用が続いたものの、6月に右わき腹を負傷してマイナーに降格する。

「開幕して間もなくの負傷だったので、このときは自分でも〝もったいないなぁ〟という思いでした。それで、その後すぐにリリースされてしまった。それでも、日本に戻るつもりはまったくありませんでした」

シカゴに家を購入し、グリーンカードも取得した。それは、腰を据えて挑戦する覚悟の表れでもあった。まだまだ闘志の炎は燃え盛っていた。

渡米5年目の12年7月、福留はヤンキースとのマイナー契約を結んだ。

3A・スクラントンでのプレーは、すでに35歳になっていた福留にとって、何から何まで初めて経験することばかりだった。このとき、ヤクルトスワローズを経て、同じく悪戦苦闘していた五十嵐亮太とチームメイトになった。

「亮太とはこのときいろいろなことを話しました。お互いに、日本では経験したことのないことばかりでしたから、いろいろ思うところもあったはずです。10時間以上のバス移動も経験しました。飛行機はもちろんチャーター機ではなく、試合開始の直前に球場入りすることもありました。彼らはみんなハングリーで同じ国出身のメジャーリーガーから道具をもらってプレーしていました。あのときの経験は二度としたくはないけど、もちろん挫折だとも思っていません。もっと若い頃にあの経験をしたかった。そんな思いが強いですね」

日本ではトップスターだった福留にとって、35歳で経験するマイナー生活は、単なる「一選手として」ではなく、「一人の人間として」、とても貴重な経験になったという。

「若い選手たちはみんな貪欲でした。誰からでも学ぼうとしていました。移動や道具の件もそうだけど、日本では経験することができないことばかりでした。もう少し僕が若ければ、本当にいい経験になったと思います。でも、僕はこのときすでに35歳でした……」

渡米5年目のマイナー生活を振り返る際に、福留は何度も「もう少し若い頃に、この経験をしていれば……」と口にした。

プロ入りした直後のガムシャラな時期であれば……。

まだ何者でもないハングリーな頃であれば……。

そうであれば、この過酷な体験は後の糧となり、エネルギーとなったことだろう。

しかし、福留はすでに35歳になっており、実績も経験もあるベースボールプレーヤーだった。

胸の内には「自分はこんなことをするためにここに来たわけではない」という思いが強くなっていく。残された現役時代は決して長くはない。いつまでもこんな生活を続けていていいのだろうか……。

5年間のアメリカ生活も終焉が近づいていた。

「この頃、日本でもう一度チャンスがあるのならばトライしてみたい、という思いが芽生えてきました」

福留の次なるステージが始まろうとしていた。

45歳まで現役を続けられたのは「アメリカ野球を経験したから」

こうして、翌13年からの日本球界復帰が決まった。

新天地は阪神タイガースである。以来、福留は20（令和2）年までの8年間を縦じまのユニフォームで過ごし、さらに21年からの2年間は古巣のドラゴンズに復帰し、22年限りで24年間の現役生活にピリオドを打った。

日本で培った経験をリセットしながらメジャーに対応すべくフルモデルチェンジを

行っていた福留は、「改めて日本仕様にリニューアルすることは大変だった」と語る。

「いくら、以前に日本野球の経験があるとはいっても、やっぱり、直近まで取り組んでいたことを身体は覚えているし、僕自身も年齢を重ねた結果、コンディションの変化もある。だから、改めて日本流の調整が必要となる。バッティングは繊細なものだから、それはそれで大変でしたよ」

24年間の内訳をみると、日本球界でまず9年、続いてアメリカで5年、そして再び日本に戻って10年となっている。36歳での日本球界復帰後、彼は実に10年も現役生活を過ごしたのである。36歳で日本球界復帰を果たしてから45歳まで現役を続けることができたのは、「アメリカ野球を経験したから」と語る。

「アメリカに行ったことで視野が広くなりました。周りのことをよく見られるようになった。チームにおいての自分の役割を理解し、若い選手たちにとっての参考となりたいという意識も芽生えていました。同時に、心の中で〝まだまだ若い選手には負けない〟という思いを強く持っていたこともよかったと思います……」

福留の言葉に熱が帯びる。

「……そして、アメリカでの最後の年にマイナーを経験したことも大きかった。あれだけ過酷な状況にありながらも、〝野球がやりたい〟という思いを持ってプレーしている選手たちを目の当たりにしたことで、〝やめるのはいつでもできる〟という思いが芽生えました。その結果、〝ここまできたのなら、とことんやってやろう〟と強く思えました。こうしたことが45歳まで続けられた理由だと思います」

アメリカでは、決していい思い出ばかりではない。球審から露骨な人種差別を経験したこともある。

「明らかにおかしい判定は何度もありました。でも、そんなことにいちいち腹を立てていたらプレーはできませんでした。〝ここは日本じゃないんだ、そういうものなんだ〟と割り切るしかなかった」

カブス時代のことだ。クラブハウスの雑務を行っていた高校生のクラビーと、こんなやり取りを交わしたという。

「君たち、日本人のことはどう思っているの?」

「日本人も韓国人も中国人も、たいして変わらない。同じようなもの」

「じゃあ、白人のことは?」

「白人がいちばん偉い」

「その次は？」

「次は○○で、その次は○○で、その次は○○」

この日のやり取りは今でも印象に残っている。福留が続ける。

「当の日本人の前で、こんな会話を普通にしているぐらいだから、別に悪気はないんです。ただ、そういう環境の中で、そういう教育を受けてきただけなんです。だけど、彼に言ってやりましたよ、〝わかった、そういう考えなら、今日から君にチップはやらない〟って（笑）」

ちなみに、その高校生は白人だったという。

アメリカでの日々も、すでに遠い思い出になりつつある。悪戦苦闘した5年間を、本人はどのように振り返るのか？

「まったく知らないものを経験した5年間でした。自分が望まなければ見られなかったものばかりでした。野球選手としてというよりも、人間として他人に感謝できるようになったし、周りが見えるようにしてもらった。そんな5年間だったと思います」

かつての自分にはメジャーリーグへの憧れはなく、自然な流れでアメリカでの生活を選んだ。自分の決断を後悔しているわけではないけれど、「もしも小さい頃からアメリカを目指していたら……」と考えることもあるという。

仮に大谷翔平のようにアマチュア時代からメジャー行きを目指していたならば、結果は大きく変わったことだろう。

ふと、そんなことを考えることもあるという。

「確かに、大谷君のように早い時期からメジャーというものが視野に入っていたならば、トレーニング方法や食事にも気を遣って筋肉のつけ方も変わっていただろうし、何よりも英語を熱心に勉強していたはずです。でも、僕らの頃はまだそんな時代じゃなかった。だけど、今の子どもたちは、大谷君という具体的な目標があるから、早い時期からメジャーをイメージして練習に取り組むことになるんでしょうね。それでも、大谷君のような超スーパースターはなかなか現れないとは思いますけど」

メジャーを目指す後輩たちに対しては、「中途半端な思いならば行かない方がいい」と言いつつ、「強い憧れがあるのならば行った方がいい」とエールを送る。

「僕が第一に伝えたいのは、〝メジャーリーガーになりたい〟という漠然とした思いで臨むならばやめた方がいいということ。憧れだけで挑戦しても、その先に何をすべきかが見つからない可能性が高いから。でも、その先の目標、その先のイメージを持って、〝自分はこんな選手になりたい〟という《なりたい自分》のイメージを強く持っているのならば行った方がいい。そこには必ず、何かがあるはずだから……」

アメリカで過ごした5年間は、日本では決して体験できないことの連続だった。まさか、「練習したくても、監督から止められる」という経験をすることになるとは予想もしていなかった。それでも、予期せぬことが起こるからこそ、人はその困難を突破すべく本気になって頭を使い、全身全霊で立ち向かうことができる。

変えるべきこと、変えてはならないこと——。

5年間のアメリカ生活の中で、福留は悪戦苦闘しながら、その実践を目指した。それは、彼のその後の人生において、大きな意味を持つことになるはずだ。野球を通じて、人生を歩んでいく上での大切な教えを手にしたからだ。そしてそれこそが、福留がアメリカで手にした最高の収穫だったのではないだろうか？

福留孝介
KOSUKE FUKUDOME

シカゴ・カブス（2008-2011）
クリーブランド・インディアンス（2011）
シカゴ・ホワイトソックス（2012）

1977年4月26日、鹿児島県大崎町生まれ。PL学園高校から1998年のドラフト1位で中日ドラゴンズから指名。2007年12月シカゴ・カブスと4年総額4800万ドル（約53億円）で契約。2008年、3月31日の対ミルウォーキー・ブルワーズとのMLB開幕戦に先発出場、同点本塁打を放つなど強烈な印象を残した。その年のオールスターゲームにもファン投票で選出された。2011年7月、クリーブランド・インディアンスに移籍。2012年2月、シカゴ・ホワイトソックスと契約。6月DFAで自由契約になると7月ヤンキース傘下3Aスクラントンとマイナー契約を締結。2013年、阪神タイガースに移籍、2021年古巣の中日ドラゴンズへ移籍、2022年現役引退。183cm、91kg、右投げ左打ち

通算成績

	試合	打席	安打	本塁打	打点	盗塁	三振	打率
NPB（19年）	2023	1952	409	285	1078	76	1494	.286
MLB（5年）	596	498	111	42	195	29	402	.258

03 マック鈴木

メジャーリーガーだけが見ることのできる景色

滝川第二高〜マリナーズ〜ロイヤルズ〜ロッキーズ〜ブルワーズ〜ロイヤルズ〜オリックス

AFP＝時事

街でのケンカがきっかけで高校を自主退学

高校野球の名門、滝川第二高校1年の冬、街でのケンカがきっかけだった。

高校入学後、自宅から通える距離ではあったが、父の勧めで寮生活を始めた。時代は昭和から平成に変わった頃のことである。絶対的な上下関係がはびこる寮での暮らしにおいて、1年生はヒエラルキーの最下層にあった。

グラウンドだけでなく寮に戻ってからも、理不尽なしごき、体罰が続いていた。日々のストレスが最高潮に達していた頃のことだった。

冬休みとなり、久しぶりに実家に戻った。

その日は友人が働いていたラーメン屋にみんなで集まっていた。中学生の頃から酒を呑んでいた鈴木誠は、この日も仲間とともにグラスを干していたところ、店の前をヤンキー風の4人組が通り過ぎるのが見えた。

軽い気持ちだった。単なる憂さ晴らしのつもりだった。当時16歳の鈴木少年は手前にいた2人を殴った。残る2人はすぐに逃げていった。そこでやめていれば大問題にはならなかったのかもしれない。しかし、それだけでは終わらなかった。

さらに殴打を続け、その2人は完全にグロッキー状態となってしまった。

5歳の頃から空手を始め、中学時代には有段者となっていた。空手に先手なし。「自分の拳は凶器となる」ということは重々理解していたつもりだった。しかし、日々の鬱憤のせいなのか、それとも久しぶりの飲酒のせいなのか、この日は一線を越えてしまった。

事態は立件寸前まで進み、鈴木は自主退学を選択する。このままでは、先輩や同期、そして学校に多大な迷惑をかけることになる。苦渋の決断だった。この瞬間、鈴木の手から「野球」はこぼれ落ちてしまったのだ。野球選手として将来を嘱望されていた彼の運命は、このとき大きく動きだした。

大好きだった野球はもうできない。

野球に代わる何かを見つけなければならない。しかし、それはすぐに見つかるものではない。冷静に自分を見つめ直す時間が、鈴木には必要だった。

「環境が変われば人間が変わるじゃないですか。それで、父から〝アメリカに行ってやり直せ！〟と、有無をも言わせずに命じられました。次に警察のお世話になるようなことがあったら取り返しのつかないことになる。もしもあのまま地元に残っていたら、どんな人間になっていたのか想像もつかないです。アメリカに行ったことで、結果的に道を踏み外さずに済んだんですけど、このとき頼ったのが中学時代に所属していた神戸須磨クラブの監督でした。そして監督の紹介で知り合ったのが団野村さんでした」

後に野茂英雄の代理人として注目を浴びることになる団は、アメリカのマイナーリーグ1Aチーム「サリナス・スパーズ」のオーナーを務めつつ、当時、ヤクルトスワローズの監督であり、義父でもある野村克也が作った少年野球チーム・港東ムースの監督でもあった。鈴木少年は中学2年のときにムースが主催するアメリカ・サンディエゴでの野球教室に参加した経験を持つ。

団はその引率役でもあった。団と鈴木はそれ以来の再会を果たすことになった。そして、この団との出会いが鈴木の運命を大きく変えることになる。

こうして、団の下で、選手の世話や球場周辺のあらゆることをこなす雑用係として暮らすことになった。1992（平成4）年春、彼はまだ16歳だった。

「僕に与えられた役割は、売店でホットドッグやコーラを売ったり、選手たちのユニフォームを洗濯したりする、完全な雑用係です。選手として野球をやるつもりはなかったからほとんど荷物も持たず、カバンひとつで渡米しました。もちろん、グラブも日本に置いたままでした」

この時点では、野球に対する未練は何もなかった。まずはきちんと更生すること。まっとうな人間として生きていく道筋を作ること。

とても、野球どころではなかった。

アメリカで野球への思いが再燃

92年3月、大阪・伊丹空港から成田空港を経由してアメリカに向かった。

サリナスで雑用係となること以外は何も決まっていなかった。頼れる存在は団しかいない。言葉も何もわからない。そこに「希望」と呼べるものはなく、「オレは一体、どうなるのだろう?」という不安に支配された旅立ちだった。

アメリカでの生活は多忙を極めた。

英語もしゃべれず、周囲とのコミュニケーションはスムーズにいかずストレスフルな毎日ではあったが、月給わずか300ドルでがむしゃらに働き続けた。

「高校を自主退学した時点で野球をするつもりはなかったんですけど、少しずつアメリカの生活に慣れてくると、目の前で行われている試合を見るようになりました。サリナスはすごく弱いチームで、当時は、〝こんなに下手でも試合に出られるんやな……〟と感じながら見ていました」

バットボーイとして常にグラウンドに待機していると、必然的に目の前のプレーに集中するようになる。本人の言葉にあるように、サリナスはとても弱かった。「オレならこうするのにな」とか、「あんな甘いボールを投げたらアカン」と、気がつけば前のめりになって試合を見ている自分に気がついた。

「サリナスは寄せ集めチームだったので、本当に弱かった(笑)。年間142試合を戦って100敗以上でした。開幕直後の5月ぐらいから、〝こんなんだったら、オレが投げた方がいいんちゃうかな〟って思いながら見ていました」

サリナスは親球団を持たない独立系の1A球団ではあったが、対戦チームはメジャー球団の下部組織で、1Aレベルでも有能な選手がそろっていた。

(これで1Aということは、2A、3A、そしてメジャーになると、どれだけレベルが高くなるのだろう……)

野球への思いが再燃してくるのが自分でもわかった。

掃除や洗濯の合間に選手のキャッチボール相手を務めるようになった。さらに、バッティングピッチャーを買って出ることもあった。少しずつ、少しずつ白球を手にする時間が長くなっていく。

そんな頃、メジャー経験のある黒人選手が練習パートナーを買って出てくれた。しばらくは日々の仕事に追われながら、練習を続ける生活が続いた。

「一日の8割が仕事で、残り2割がトレーニング。大変だったけど、初めて夢中になるものを見つけた思いでしたね」

そして、朗報が届く。

「ぶっちぎりの最下位で迎えたその年の最終戦で、団さんから〝鈴木、お前投げてみるか?〟と、いきなり言われました。大慌てで契約を済ませて、そのまま試合に臨みました。たった1イニングだけの登板だったけど、キャッチャーフライ、ライトフライ、そして三振、三者凡退でした。このとき、一度手放した《野球》を、再び自分の手に取り戻すことができたのが自分でもわかりました」

17歳になった鈴木の胸の内に、「もう一度野球がしたい」、「自分の可能性を試してみたい」という思いが芽生える。

メジャーリーガー「マック鈴木」の誕生が近づきつつあった。

実現しなかった「池山隆寛対マック鈴木」

この頃から、鈴木は「マック」と呼ばれるようになっていた。

英語ではアルファベットの「T」を「L」のように発音するため、本名の「MAKOTO」の発音は難しいのだという。そこで本人自ら「何か呼びやすいニックネームを考えよう」となり、「マック」と名乗ることを決めた。ちなみに「MACK」ではなく、「MAC」と表記することを決めたのも本人のこだわりからだった。

渡米2年目となる93年には、団の力添えにより、野村克也が監督を務めるヤクルトスワローズのユマキャンプに参加することになった。この前年、スワローズは14年ぶりのセ・リーグ優勝を果たしている。日本一奪回に向けて意気上がるムードに満ちていた。

「一緒にブルペンに入った川崎憲次郎さん、ルーキーの伊藤智仁さん、そして当時まだ19歳だった石井一久さん、彼らのボールはすごかった。このとき、〝プロってすごいな、自分ももっと練習しなければ〟という思いになりましたね」

後にマックは、当時スワローズの中堅選手だった橋上秀樹と再会する。東北楽天ゴールデンイーグルス時代には参謀として野村監督を支えた男だ。

「久しぶりに橋上さんに会ったんですけど、〝あのときはすごいボールを投げていたよね。とても17歳とは思えなかった〟って言ってもらいました」

キャンプが中盤にさしかかった頃、池山隆寛や広沢克己（現・広澤克実）ら、当時の主力打者を相手に紅白戦で登板するという話が持ち上がった。「あの若いヤツに投げさせてみろ」と野村監督が口にしたことがきっかけだった。当時17歳だった鈴木は、すでに150キロを超えるストレートを投じていた。野村が関心を持つのは必然だったのかもしれない。名将の目から見ても、鈴木は逸材だったのだ。

しかし、キャンプ中の紅白戦とは言え、支配下登録されていない選手が試合に出場することは野球協約に抵触する恐れがあることと、「もしも17歳のアマチュアに、前年のチャンピオンチームが抑えられたらプロの面目が立たない」との理由で、夢の対決は実現しなかった。マックは今でも、このときのことを残念がる。

「仮に打たれたとしても、抑えたとしても、絶対に後にいい思い出話として盛り上がったでしょうね。あのときは肩も壊れていなかったから、投げていればどんな結果になったのか楽しみでしたけどね」

この年のペナントレースにおいて、スワローズはセ・リーグを制し、王者・西武ライオンズを撃破して、チームは15年ぶりの日本一に輝くことになる。

すでに全盛期に突入していた池山や広沢、主砲のジャック・ハウエルと、粗削りではあるものの天賦の才能にあふれた17歳のマックが対戦したならば、はたしてどんな結果となったのだろうか？　興味は尽きない。

メジャーキャンプ初日の悲劇

93年も夏場を迎える頃、マックの投げる試合ではバックネット裏に陣取るスカウトたちの数が増えていく。その中には日本球界のスカウトの姿もあった。

そして9月、マックはシアトル・マリナーズとマイナー契約を結んだ。トロント・ブルージェイズやアトランタ・ブレーブスからもオファーがあった。マックの底知れぬ能力はメジャースカウト陣にとっても大きな魅力に映っていた。

しかし、満を持して臨んだ翌94年のスプリングキャンプ初日、「事件」は起こった。日本のプロ野球を経験しない初めてのメジャーリーガーとなる可能性を秘めた18歳の若者。その動向に密着するために、日本から100人を超えるマスコミが大挙して押し寄せた。マッシー村上以来、「日本人メジャーリーガー」というフレーズは現実味のないものだった頃のことだ。野茂英雄が海を渡るのはこの翌年である。

18歳の若者を取り巻く過熱報道は狂乱の様相を呈していた。

トレーニングは嫌いではなかったから、日本での自主トレは一生懸命に励んだ。その姿を多くの報道陣が取り囲む。すぐに、練習に支障をきたすほどのパニックとなる。思うような調整ができないままのキャンプイン。満足な自主トレが行えず、コンディションに不安が残る中でマックはブルペンに入った。

「いきなり、当時のマリナーズのエース、ランディ・ジョンソンと一緒のA班でブルペン入りしました。最初は、〝軽く投げればいいか〟と考えていたのに、つい思い切り投げたら、肩を壊してしまって……。その日の夕方にはすでに肩が上がらなくなっていました」

周囲の注目が集まる中で、18歳の少年は右肩に生じた異変を誰にも打ち明けることができなかった。スプリングキャンプでのオープン戦は防御率1点台で何とか抑えた。2A「ジャクソンビル・サンズ」でのシーズンが始まってからは、だましだまし投げていたものの、5月にはまったく投球できなくなり、その年のオフに内視鏡手術を受けることになってしまった。

「今から思えばピッチャーには必要のないことばかりしていました。誤ったトレーニングで筋肉が肥大化したせいで可動域が狭くなりました。僕は元々、空手をやっていたこともあって、開脚して胸がつくほど身体が柔らかかったんです。ピッチングのときも6足半から7足ぐらいでステップして投げていました。でも、トレーニングの結果、5足から5足半ぐらいしかステップできなくなりました。そうすると、頭でイメージすることと、実際の動きとのズレが生まれてきます。故障してしまったのはズレたまま投げたのが原因でした。この日以来、引退するまでずっと右肩は万全の状態に戻ることはありませんでした」

故障する前には「オレは本格派のピッチャーだ」という自負があった。しかし、故障してからは「技巧派として生きていこう」と考えを改めた。決して望んでいたもの

ではなかった。

「アロルディス・チャップマンのような豪速球を投げられる馬力を持っているのに技巧派として生きていくしかない。ケガをする前の自分だったら、決してチャップマンにも負けていない。そんな思いは今でも持っています」

ＭＬＢ史上最速となる105・1マイル（約169・1キロ）を投じた豪速球左腕を例に挙げてマックは悔しそうに言った。

この頃マックは、ＮＢＡの生きる伝説であり、神様でもあり、当時は2ＡでＭＬＢに挑戦中のマイケル・ジョーダンとの邂逅を果たしている。

ある日の試合において、乱闘騒動が起きた。相手ベンチにいたジョーダンがマウンド上のピッチャー目がけて、真っ先に飛び出してきた。

「もちろん僕も、味方ピッチャーを助けるためにベンチから飛び出しました。すると、ジョーダンがマウンドで勝手にコケてしまったんです（笑）」

初めは何が起きたのかわからなかったが、そのシーンをたまたま撮影していたテレビクルーの映像によって事態の詳細が明らかになった。

「転んだところにちょうど僕のひざがあって、ジョーダンはアゴを痛打していました。僕としては蹴ろうとしたわけでもないし、何が何だかよくわからない状態。乱闘後、〝何かひざが痛いな〟って思っていたぐらいですから（笑）」

報道によると、この乱闘のせいでジョーダンは奥歯を損傷し、治療のために歯科に通うことになったという。チームメイトからは喝采を受けた。

「僕は日本人で初めてナイキと契約をしました。ジョーダンといえば《ナイキの神様》みたいな存在ですよ。看板選手ですよ。この乱闘の前だったたか、後だったかは忘れてしまったけど、あるとき、ナイキ関係者の計らいでジョーダンがわざわざ僕のところに来てくれて〝頑張れよ〟ってあいさつしてくれたことがありました。だから、ジョーダンに対しては〝申し訳ないな〟という思いもありますね。決してわざとひざを出したわけではないですけど（笑）」

このとき撮影されたツーショット写真をマックは今でも大切に持っているという。

アメリカに渡って4年11カ月、ついにメジャーのマウンドに

95年、全米ではメジャー1年目の野茂英雄による「NOMOフィーバー」が沸き起こっていた。故障さえなければ、自分の方が先にメジャーデビューできたかもしれない。忸怩たる思いが募る。

「野茂さんは僕のことを〝すごいピッチャーだ〟と思っていたそうです。確かに、僕の方が運動神経はよかったと思います。それに、先に海を渡ってアメリカでの生活を始めていたから、少し先輩風を吹かせて、〝どれぐらい通用するのかな?〟という気持ちで見ていました。それまでに僕はランディ・ジョンソンを筆頭とするすごいピッチャーばかり見ていましたから。それでも野茂さんはすぐに活躍した。本当にすごいとしか言いようがなかった」

野茂に会った際にマックは「ピッチングフォームについていろいろ質問した」という。しかし、「もっとほかに聞くべきことがあった」と今では反省している。

「僕はピッチングフォームなど、技術的なことばかり尋ねました。それは、〝すごい速いボールを投げたい〟という思いや、〝ものすごく曲がる変化球を投げたい〟とい

う思いが強かったからです。でも、野茂さんのピッチングを見ていると、たとえピンチを迎えても無失点で切り抜けることができる。どんなに調子が悪くても、きちんと試合を作ることができる。本当はそういうことを学ぶべきだったんだと、後になって気づきました。当時の僕は、《大人のピッチング》を学ぶ必要があったのに……」

この年、マックは右肩手術を決断する。もう、どうしようもないほどの痛みに悩まされていたからだ。

内視鏡手術を終え、その後のリハビリプログラムは1年に及び、ついに95年シーズン終盤に1Aで復帰を果たす。手術によって肩の痛みは軽減され、球速は取り戻しつつあったものの、どうもしっくりこない。

今の自分は本当の自分じゃない。本当の自分はもっとすごいボールを投げていたのに、そんな思いが彼の胸の内を支配していく。

「野球への情熱を失いかけていたのがこの頃です。96年は2Aでシーズンを迎えました。本来の調子には戻っていなかったけど、先発で起用されてシーズン序盤で3勝を挙げました。でも、以前のようなバッターとのガチンコ勝負ができなくなっていました。〝もう、二度とあんなに楽しい勝負はできないのかな?〟、そんな思いでした」

7月に入ると、まったく当人も予期せぬ朗報が届いた。3Aを飛ばして、いきなりメジャー昇格を命じられたのだ。7月7日、テキサス・レンジャーズ戦、21歳の夏だった。

「2Aから、3Aを経由せずにいきなりメジャーでしたから、自分でも驚きました」

アメリカに渡って4年11カ月、ついにメジャーのマウンドに上がることになった。96年7月7日、テキサス・レンジャーズ戦で、マック鈴木は待望のメジャーリーガーとしてデビューを果たした。

「大量リードされた6回からマウンドに上がりました。最初の回は打者3人で0点に抑えたけど、次のイニングは自責点3で降板。チームメイトたちも微妙な雰囲気で、すぐにマイナー行きを命じられました。でも、このときのことはあまり覚えていません。子どもの頃から、ほとんど緊張することのなかった僕でも、やっぱり緊張していたんですね」

ほろ苦いデビューとなったが、それでも「もう一度、メジャーに」の思いとともに研鑽の日々を重ねた。しかし、翌97年は一度も昇格の機会を与えられなかった。

「僕はまだ22歳だったけど、注目されたのが早かっただけにすでに目新しさもないし、〝もう後がないな……〟という思いはずっとありました。この間、どんどん若い選手に抜かれていきましたから」

右肩の故障以降、かつて備わっていたはずのまばゆいばかりの光が失われていく実感があった。自身の魅力がどんどん減じていくことを理解しつつ、それでも新しい自分を見つけ、表現していかなければならない。マックの苦闘の日々は続いた。

「ようやくチームの一員になれた気がした」瞬間

右肩の故障以来、マックが闘っていたのは常に自分自身だった。

本人曰く、故障前の自分のピッチングが100だとしたら、故障後のそれは50程度にまで落ち込んでしまっていた。だからこそ「故障前の自分」を追い求め、それが無理であるとわかると絶望に打ちひしがれていた。

しかし、絶望している場合ではなかった。もう後がない土壇場の状況で、マックは発想の転換を余儀なくされた。

「元々、何も持たずにアメリカに来たんだからいじけていても仕方がない。今の自分が投げられるボールでバッターと勝負する。それでダメなら諦めよう。そう腹を括るしかない。そう考えました」

土俵際まで追いつめられた男の開き直りは功を奏した。

3Aで9勝10敗を記録すると、98年9月にはメジャーに再昇格する。2日に初先発、そして14日にはついにツインズ戦で初勝利を飾った。

「初先発では勝ち投手になれなかったけど、それなりの手応えはありました。降板するときも、みんなが仲間、同僚として自分を迎え入れてくれるのがわかりました。メジャーデビュー戦は微妙な雰囲気だったけど、このときに初めてようやくチームの一員になれた気がしましたね」

この頃のシアトル・マリナーズにはそうそうたるチームメイトがそろっていた。

「すごいことを簡単にやってのけるのがケン・グリフィーJr.。大事なところであっさり打つのがエドガー・マルティネス。三振は多いけど、同点弾、逆転ホームランを打つのがジェイ・ビューナー……。すごいメンバーばかりでしたよ」

イチローがマリナーズ入りするのはここから3年後のことである。マックはチーム初の日本人選手として孤軍奮闘していた。

渡米から7年近い月日が流れていた。ようやく手にした歓喜の瞬間だった。

名コーチの指導で才能が開花

翌99年は波瀾の一年となった。

渡米以来、初めて開幕をメジャーで迎えたものの、6月にニューヨーク・メッツにトレードされ、その直後にはカンザスシティ・ロイヤルズへ移籍する。戦力補強に貪欲で、人的流動性の高いメジャーならではの出来事だった。

そして、新天地での新たな出会いがマックにとって幸いした。

「ロイヤルズのブレント・ストロームコーチが、僕のことをすごく評価してくれました。グラブを持つ左手の位置をきちんと定めるフォームに修正したことで、格段にコントロールがよくなったんです。一つの問題がクリアできると、すべてのことがまとまってくる。このときは、そんなイメージでした」

流れるような一連のピッチングフォームを一つひとつ、まるでコマ送りをするかのごとく、丁寧に分析をしていき、一つずつムダを省き、ロスをなくしていく。一つのコマが矯正されたことで、それまでと比べて信じられないほど効率のいい流麗なフォームが完成することがある。このときのマックが、まさにそうだった。

当初、監督からは大きな期待をされていなかった。

メジャーに残れるか、それとも落とされるか、当落線上にあったものの、期待の若手のアクシデントによりチャンスがもたらされ、マックはそれを逃さなかった。

「先発マウンドに上がった若手有望選手が脇腹を痛めて途中降板。急遽、僕がマウンドに上がったんですけど、球速も大幅にアップし、3イニングで8奪三振。自分でも驚いたけど、球団はさらに驚いていました（笑）」

手薄な投手陣というチーム事情もマックにとって幸いした。

00年シーズンは開幕から先発ローテーションの仲間入りを果たし、序盤こそ中継ぎ降格となったものの、その後はシーズン終了までローテーションを守り続けた。

32試合（先発29）8勝10敗——。

堂々たる成績でシーズンを終えた。メジャーリーガーとして胸を張っていい成績だ。しかし、好結果とは裏腹に、この時点ですでにマックの右肩は悲鳴を上げていた。

「球団からは〝すぐに検査しろ〟と言われました。自分としては痛くても投げられるし、結果も出ているから手術はしたくなかった。だけど、球団は〝手術をしなければ契約はしない〟の一点張り。仕方がないので二度目の内視鏡手術をすることにしました」

01年の開幕戦は敵地ヤンキースタジアムでのニューヨーク・ヤンキース戦と発表されていた。マックはこの日に照準を定めた。

「開幕戦で、あの伝統ある球場に立つことができる。絶対にこのチャンスは逃せない。そんな思いでリハビリに励みました。すでに一度、手術は経験しているから、どの程度までやっていいのか、やれるのかを理解していたことも大きかったですね」

順調に回復したものの、残念ながら敵地での開幕戦登板はならなかった。しかし、続く本拠地開幕戦を託されたマックはツインズを相手に勝利を飾る。

個人的には幸先のいいスタートを切った。

ところが、チーム状態が悪く、シーズン序盤で恩師のストロームコーチが解任されると、マックの運命に暗雲が立ち込める。

「ストロームがクビになった翌日、先発からクローザーに配置替えされました。初回の防御率が高かったからです。でも、僕の場合は《6回3失点》を基準にしていたから、〝初回に2点取られてもいいや〟という思いで投げていたので結果がよかっただけなんです。クローザーのように、〝1点も許してはいけない〟というプレッシャーを背負って投げた経験はありませんでした。案の定、クローザーで結果を残すことはできなかったですね……」

人には向き、不向きがある。「適材適所」という言葉もある。マックにとっての「適所」はクローザーではなかった。先発マウンドでこそ、彼は光を放つことができたのだ。

白球を求める流転の日々

慣れないクローザーとなったことで調子を崩してしまったマックは、6月にコロラド・ロッキーズ、7月にはミルウォーキー・ブルワーズに移籍する。ジャーニーマンとしての日々を過ごしていた。

「このとき、僕の精神力がもっとしっかりしていれば、誰に何を言われてもブレずにいられたと思います。でも、そこでフラフラしてしまう自分がいた。その結果、ピッチングフォームまでおかしくなってしまいました」

翌02年は古巣のロイヤルズに復帰したものの、00年の輝きを取り戻すことはできなかった。結局、この年限りでマックはアメリカ生活に終止符を打つ。


メジャー通算、117試合(先発67)16勝31敗、防御率5・72――。


これが、マックが自身の右腕でつかんだ勲章だ。

その後は02年オフのオリックス・ブルーウェーブへのドラフト入団から始まり、メキシコ、台湾、ドミニカと、白球を求める流転の日々を過ごすことになる。

日本球界復帰時、マスコミに囲まれて返答に困った質問がある。

「オリックス入団後、マスコミの方から、〝新人王の自信は?〟と何度も尋ねられました。そんなもん、自信なんかあるわけないじゃないですか。〝アメリカではもう通用しない〟と思ったから帰国しているんです。自信があるのなら、まだアメリカで投げていますよ。だから、曖昧な答えをしていたら、《マック、新人王辞退》と報じられました。この質問は本当に困ったですね（苦笑）」

波瀾に満ちた自らの半生を振り返って、マックは言った。

「16歳でアメリカに渡って、野球でお金を稼いで生活してきたけど、普通に日本の学校を出て、NPBでプレーしてからメジャー入りした方がムダもなくてずっといい。僕の場合はたまたま運がよかったけど、この生き方は他人には勧められない」

それは、自身が歩んできた道のりが決して平坦なものではなかったということが伺える発言だった。グラブひとつ、身体ひとつで世界中を転戦し、異国のチームに加わり、力いっぱい右腕を振る。チームの勝利に貢献し、そして金を稼ぐ。本当の「ジャーニーマン」として生き抜いてきた男の言葉だった。マックはさらに続ける。

「僕は16歳でアメリカに来ました。一応、義務教育は終えていたけど、まだまだ子どもです。やっぱり、高校や大学でいろいろなことを学んで、さまざまな経験をして人脈を広げて、それからメジャーを目指しても決して遅くはないと思います。訳もわからず、何も知らない16歳で挑戦するよりはずっといいのは間違いないです」

マックの挑戦後、ＮＰＢ経験を持たない若者が夢を実現するために多数渡米したという。その多くは志半ばで倒れることになった。

「僕の場合は、たまたまいい出会いがあって、多くの人のサポートを受けて何とか成績を残すことができたけど、そもそも日本で何の実績もない人がアメリカで通用するほどメジャーは甘くないです。もしも僕があの頃に戻れるのなら、きちんと高校に行きます。そうなると、アメリカに行くこともなかったかもしれない。そんな気がしますね」

もちろん自分の歩んできた道に後悔はない。マックは言う。

「ＮＰＢを経験せずに初めてメジャーリーガーとなったこと。日本人として初めてアメリカンリーグで投げたこと。野球が続く限り、この《初めて》はずっと記録に残ります。引退後に結婚して息子が生まれてからは、自分がやってきたことを改めて誇りに思っています」

雑用係だった16歳から始まり、異国の地で孤軍奮闘してつかんだ16勝。その輝きは今なお色あせない。

「メジャーリーガーにしか見ることのできない景色がある。今でもときおり思い出すけど、それは本当にいい光景でした」

もうすぐ50代を迎えるマックは清々しい表情で言った。「メジャーリーガーにしか見ることのできない景色」とは何か？　改めて、その言葉の真意を聞いた。

「いつ3Aに落とされるか、いつクビになるか、そんな状態では落ち着いてプレーすることはできないし、自分が見る景色も限られています。でも、たとえば僕の00年、01年のように、シーズンを通じてメジャー選手として活躍すると目の前の景色が変わってくるんです。敵地で投げるときにはブーイングを浴びて、ホームのマウンドに上がるときには大きな声援を受ける。球場入りするときにはセキュリティの警備員が僕の顔を覚えていてくれてあいさつをしてくれる。いろいろと自分を肯定できることが増えてくるんです。それは、決してマイナーでは味わえないことでした。10月頭にシーズン最終戦を終えて、チームメイトたちと、〝また来年頑張ろうな〟とハグをする。その瞬間、〝あぁ、今年一年やりきったなぁ〟というたまらない充実感を覚えるんです。メジャーでしか経験できないことが確かにある。メジャーでしか見ることのできない景色があるんです」

00年、当時25歳のマックは確かにその景色を見た。自らの力でその光景を目に焼きつけたのだ。

16歳の少年が50代になろうとしている。

あれからかなりの時間が経過していた。

日本で何の実績もなかった少年は、己の右腕一本で、確かな居場所を築き上げた。

日本プロ野球を経由せずにメジャーリーガーとなった最初の男として、伝説を作り上げた。

マック鈴木もまた、日本人メジャーリーガー史に名を刻む偉大な開拓者だった。

マック鈴木
MAC SUZUKI

シアトル・マリナーズ（1996、1998-1999）
カンザスシティ・ロイヤルズ（1999-2001）
コロラド・ロッキーズ（2001）
ミルウォーキー・ブルワーズ（2001）
カンザスシティ・ロイヤルズ（2002）

1975年5月31日、兵庫県神戸市生まれ。滝川第二高校を退学後に渡米。1992年、1Aサリナス・スパーズに球団職員兼練習生として参加。1994年にシアトル・マリナーズとマイナー契約。1996年に同チームとメジャー契約。日本球界を経由しない初のMLB選手に。1999年カンザスシティ・ロイヤルズに移籍。2000年には先発投手として8勝をあげる。2001年にコロラド・ロッキーズに移籍したが、すぐにミルウォーキー・ブルワーズに移籍。2002年ロイヤルズに復帰するも解雇され、日本球界への移籍を表明。同年のドラフト会議でオリックス・ブルーウェーブから2位指名、2003年に〝日本デビュー〟。2005年オリックスから戦力外通告。退団後、オークランド・アスレチックスとマイナー契約を結ぶ。その後メキシコ、ドミニカ、関西独立リーグを転籍、2011年の登板が最後となった。191㎝、93㎏、右投げ右打ち

通算成績

	登板	勝	敗	セーブ	投球回	四死球	奪三振	防御率
MLB（6年）	117	16	31	0	465.2	299	327	5.72
NPB（2年）	53	5	15	1	156.2	113	130	7.53

04

岡島秀樹

幸せな結末

東山高～読売～北海道日本ハム～レッドソックス～福岡ソフトバンク～アスレチックス～福岡ソフトバンク～横浜DeNA

AFP＝時事

トレイ・ヒルマン、新庄剛志との出会い

1993（平成5）年秋、読売ジャイアンツからドラフト3位で指名された。京都・東山高校時代には春のセンバツに二度出場した経験を持つ。ボールの勢いは高い評価を受けていたものの、制球難が心配されていた。「はたして、自分はプロで通用するのか？」、そんな思いを抱えてのプロ入りとなった。

当時のジャイアンツ投手陣はスターぞろいだった。桑田真澄、槙原寛己、そして斎藤雅樹の三本柱を擁する豪華投手陣の中で岡島のプロ野球人生は始まったのだ。

プロ6年目となる99年に中継ぎに転向すると、めきめきと頭角を現し、長島茂雄率いるジャイアンツにおいて貴重な左腕としてチームに欠かせない存在となる。

しかし、06年のシーズン開幕直前、岡島は北海道日本ハムファイターズへのトレードを命じられた。青天の霹靂だった。

「あと数カ月でFAの権利を取得できる時期でしたけど、チームには愛着がありましたからそのままジャイアンツに残るつもりでした。それなのに、FAの権利を捨ててでも残りたいチームから移籍を告げられた。それはやっぱりショックでした」

生涯ジャイアンツ——。

その思いに何の迷いも、揺らぎもなかった。それでも、新天地への突然の移籍命令が下った。「それまではジャイアンツ以外の球団のことをまったく考えたこともなかった」と語る岡島に、転機が訪れようとしていた。

しかし、結果的にファイターズ移籍が岡島を変えた。きっかけをもたらしてくれたのはトレイ・ヒルマン監督と、この年限りでの引退を表明していた新庄剛志だった。

「ヒルマン監督はいつも、〝家族は元気か？　きちんと電話で話しているか？〟とあいさつしてくれました。僕の体調やコンディションについてはほとんど聞かないのに、必ず東京に残してきた僕の家族のことを気にかけてくれていたんです。そして、〝北海道に呼んだらどうだ？〟と言われ、〝学校の問題があるので無理なんです〟というたやり取りをいつもしていました（笑）」

連日の登板が続く中継ぎ投手のコンディションを気にかけない監督などいない。それにもかかわらず、いつも家族のことばかり尋ねられるのが不思議だった。この頃、岡島はヒルマンにこんなことを言われた。

——家族と密にコミュニケーションを取っていれば、野球のパフォーマンス自体もよくなるんだよ。

岡島は言う。

「この言葉がとても印象的だったので通訳さんに聞いたら、〝それがアメリカンスタイルだ〟と言われました。野球が大切なのはもちろんですけど、それ以上に家族のことを大切にする。家族のことが第一で、それがあって野球がある。その考え方はすごく居心地がよかった。このとき初めて、〝アメリカっていいいな〟って思ったんです」

一方、突然の現役引退を表明していた新庄剛志も、岡島に多大な影響を与えている。

「岡島君のフォームは個性が強いから、絶対にアメリカで通用するよ」

新庄はいつも岡島にそう言っていたという。リリースの瞬間に顔を下に向け、打者を見ずに投げる独特の投球フォーム、後に「ノールッキング投法」と称されることになる、岡島にしかできないピッチングフォームを新庄は絶賛したのだ。

「新庄さんからはいろいろなことを教わりました。チームが負けているときはどうしても雰囲気が暗くなる。それでも、〝こんなときこそ明るくしなくちゃダメだよ〟といつも言っていました。僕に対しても、〝この投げ方なら必ず通用するから、絶対にアメリカに行った方がいい。すぐに行け!〟っていつも言われました(笑)」

何度も何度も同じことを繰り返す新庄。自身もメジャーリーガーだった彼の言葉は、岡島の記憶に強く印象づけられることになった。

家族を気遣うヒルマンのスタイル。そして、メジャー経験を持つ新庄の言葉――。

少しずつ、岡島の胸の内に「メジャーリーグ」という存在が大きくなっていく。しかし、それはまだ曖昧模糊としたものだったが、やがて現実味を帯びてくる。

移籍1年目となる06年、ファイターズは北海道移転後初となるリーグ制覇、そして日本一に輝いた。左のセットアッパーとして、岡島もチームに貢献した。そしてこの年のオフ、満を持してFA宣言をした。国内外を問わず、自分の評価が聞きたかったからだ。

「真っ先に連絡が来たのはボストン・レッドソックスでした。他にもメジャー球団からのオファーはいくつもあったそうです。エージェントによると、レッドソックスからの条件もそんなに悪くないということだったので、家族に相談せずに独断で決めました」

契約は2年250万ドル(約3億円)だったが、メジャーが確約されていたわけではなく、自分の手で勝ち取るしかなかった。ところで、なぜ、海外チームからのオファーが殺到したのか？　岡島は、後にその答えを知る。

「06年、日本ハムは中日ドラゴンズと日本シリーズを戦いました。このとき、対戦相手である福留孝介さんの動向が注目されていたんです。福留さんを見るために集まったメジャーのスカウトの目に、僕のピッチングが留まったのだと後に知りました」

それまで、まったくメジャーリーグに関心はなかった。かつてのチームメイトの松井秀喜がニューヨーク・ヤンキースで活躍する姿をスポーツニュースで見る程度だった。しばらくすると、期せずして松坂大輔のレッドソックス入りが決まった。世間の注目は松坂に集まっていた。

「松坂君は大スターですから、彼が表のヒーローなら、僕は陰のヒーローでいい。だから、メディアではいつも〝僕は松坂君のシャドウ（影）です〟と答えていました（笑）」

表のヒーローと陰のヒーローが同時に海を渡る。07年、いよいよメジャーリーガーとしての日々が始まろうとしていた――。

渡米後、短期間で新魔球を習得

世界が注目している松坂大輔に対して、自ら「自分は陰のヒーローでいいし、松坂君のシャドウです」と公言していた岡島。それは決して虚勢でも自虐でもなく、当時の岡島にとっての本音であり、心からの言葉だった。

「彼は先発投手だし、僕はリリーフ投手ですから、そもそも立場も役割も違います。それに、彼はポスティングでの入団に対して、僕はFAでの入団ですから、やっぱりこれも立場が違います。もしも、松坂君と同じ立場だったとしたら、常に比較されていたでしょうし、同時に〝松坂の方が上〟という評価もされていたと思います。そうなれば、多少はイヤな気持ちにもなったかもしれないけど、現実はそうじゃなかったですから、まったく気にならなかったし、むしろ、〝ぜひ同じチームでプレーしたい〟と思っていました」

宿命のライバルであるボストン・レッドソックスとニューヨーク・ヤンキースは、日本球界が誇る「左右のエース」の獲得競争を繰り広げていた。右のエースが松坂であり、左のエースが阪神タイガースの井川慶である。先にレッドソックス入りを決めていた岡島は、球団から「松坂獲得に向けて力を貸してほしい」と頼まれたという。

「僕、それまでまったく松坂君とは面識がないんです。でも、球団から頼まれて、松坂君に向けて、〝ぜひ一緒に戦いましょう〟というビデオメッセージを撮影しました。後にキャンプのときに彼と会うと、〝ビデオメッセージ見ましたよ、嬉しかったです〟って言ってもらえました。それが、彼と交わした最初の言葉でした（笑）」

こうした経緯を経て、松坂のレッドソックス入りが決まり、井川はヤンキースに入団することになった。２人の注目選手の海外行きと同じタイミングで、岡島もまたメジャーリーガーとしての第一歩を踏み出したのだ。

日本からアメリカに渡ったピッチャーのほとんどが、「滑るボール」と「硬いマウンド」に悩まされる。しかし、幸いなことに岡島の場合は、いずれも難なくクリアすることができた。

「ボールは確かに滑りました。日本で投げていたカーブが抜けてしまってコントロールが定まらない。だから思い切ってカーブは見せ球にして、新たにチェンジアップをマスターすることにしました」

日本で決め球にしていたカーブをあえて捨てる。それは、新天地で成功するための覚悟でもあった。と同時に、過去の成功体験にとらわれることなく、冷静に目の前の出来事に対処できる柔軟性もまた岡島の強みだった。

スプリングキャンプ直前、岡島はミネソタ・ツインズに在籍していたヨハン・サンタナに会いにいく。04、06年にサイ・ヤング賞を獲得したMLBを代表するサウスポーだ。

「たまたま彼も、僕と同じエージェントのクライアントだったので、そのツテをたどってチェンジアップを教わりにいきました。初対面にもかかわらず、突然、自宅まで尋ねてお願いしたのにものすごく気さくに教えてくれました。僕の投球映像を見てもらったら、〝日本でスプリットは投げていたのか？〟と尋ねられたので、〝イエス〟と答えると、〝これだけオーバースローならば絶対にチェンジアップも投げられる〟と言ってもらいました」

日本では桑田真澄からチェンジアップを教わったものの、ものにすることはできなかった。しかし、このときサンタナから伝授されたのはすべての縫い目（シーム）に指をかける新しい握り方だった。

「すべてのシームに指をかけるから滑らないんです。グリップはしっかり固定して、指を少しずらせばシュート回転しながら落ちたり、真っ直ぐ落ちたりと自由自在でした」

必要だと思えば、初対面のスーパースターにも躊躇なく会いにいき、教えを請う積極性。アドバイスを受ければ素直に従い、新しい球種もすぐにマスターする器用さもある。

岡島のアメリカでの成功は、このときすでに約束されていたのかもしれない。

魔球「スプリットチェンジ」の誕生

キャンプ前すでに、岡島は「スプリットチェンジ」と命名される新球をマスターすることに成功した。サンタナから教わった握りでキャッチボールの際に投げてみる。感触がつかめた後にはブルペンで試行錯誤を繰り返す。

「指の位置を少しだけずらしてみたり、自分なりにアレンジを加えることで、シュート回転で落ちたり、そのまま真っ直ぐ落ちたり、いろいろ微妙な変化を加えることができました。真っ直ぐと同じ軌道から変化するのがすごくよかったですね。それに、ストレートと同じ腕の振りで投げることができるし、同じ高さから変化するので、バッターからしたら、ストレートもすごく打ちづらく感じるはずです。シーズンが始まる前に、このボールをマスターできたことは大きかったと思います」

メジャー特有の硬いマウンドに対しても、岡島は柔軟な対応力を発揮する。

「ジャイアンツ時代、いつも桑田さんと一緒にオーストラリアでトレーニングしていました。僕らが練習する球場は整備が行き届いていなくて、マウンドもカッチカチでした。日本の球場とは比べ物にならないぐらいに硬かったんです」

このとき桑田からは「このマウンドで投げられれば、メジャーでも問題ないよ」とアドバイスされたという。

「桑田さんの言葉を受けて、カチカチのマウンドで投げる経験もしていました。このときのことがあったから、メジャーのマウンドにも対応することができました。何しろ、オーストラリアのマウンドと比べればはるかに投げやすかったですから（笑）」

渡米前には、野球に関することだけではなく、言葉の問題、食事の問題、治安の問題など、生活全般に対する不安ばかりだった。しかし、滑るボール、硬いマウンドに対してすぐに順応できたように、日本と異なる環境下においても、あらゆることに関して柔軟に対応していく。「こうでなければならない」という固定観念から解放されたフレキシブルなスタンスこそ、岡島の最大の武器だったのだろう。

こうして、岡島は万全の準備とともにレッドソックスのスプリングキャンプに臨んだ。「自分は通用するのか？」という不安もあった。しかし、その思いは一瞬にして氷解する。きっかけをくれたのはキャプテンであり、女房役でもあるジェイソン・バリテックだ。

「キャンプ中にブルペンで投げたときに、バリテックから〝このボールは絶対に通用する〟と太鼓判をもらいました。さらに、〝このボールはオープン戦の間は絶対に投げるな〟と念を押されました」

バリテックの頭にあったのは、開幕早々の4月に予定されているニューヨーク・ヤンキース戦だった。同地区で戦う宿命のライバルであるヤンキースを倒さなければ、リーグ優勝も、ワールドチャンピオンもない。

「バリテックはヤンキース戦を見据えて、あえてスプリットチェンジを封印したんです。そして、〝オープン戦では、いくら打たれても構わないから〟と言ってもらいました。この言葉はとても心強かったですね」

メジャーを代表する名捕手からのお墨付きは自信となった。

テリー・フランコーナ監督も、岡島に対して最大限の敬意を払っていた。

「野球の話はほとんどしませんでした。日本ハム時代のヒルマン監督のように、家族について心配してくれたり、おいしいレストランの話をしたり、いつも優しく気遣ってくれました。監督室のドアはいつも開けっ放しなんですけど、試合前にのぞいてみると、（ダスティン・）ペドロイアとトランプをしていました（笑）。選手にはとても優しくて、試合になると退場も辞さない熱い監督で、本当に僕としてもやりやすかったですね」

こうして07年シーズンが幕を開けた。カンザスシティ・ロイヤルズとの開幕戦、いきなり岡島の出番が訪れる。それはまったく予期していなかった波瀾のデビューとなった——。

メジャー初登板、初球ホームランを喫する

07年、岡島は開幕戦、ロイヤルズ戦のマウンドに立っていた。いきなりのデビューは、同期入団の松坂よりも早かった。打席には八番打者のジョン・バック。下位打線とはいえ、油断は禁物だ。当たっても長打にはならない外角低めを目がけて慎重に投じた。記念すべきメジャー第1球だった。

「確かに緊張はしていたけど、狙っていた通りのコースに投げることができました。それをいきなりですからね……」

バックの打球は右中間スタンドに飛び込んだ。初球をいきなり被弾したのだ。

「打たれた瞬間、打球がどこに飛んだのかわかりませんでした。もちろんヘコみましたよ(苦笑)。油断したつもりはないけど、〝まさか初球からホームランはないだろう。初球はアウトローに投げておけば、まず振ってこないだろう〟と相手を甘く見ていたのかもしれないですね。八番バッターに外角低めを逆方向にホームランを打たれるんですから、日本での常識は通用しないことをすぐに悟りました」

屈辱的なデビューとなった。しかし、本人の言葉にあるように、デビュー早々に

「日本での常識は通用しない」と考えを改め、すぐに軌道修正ができたのは不幸中の幸いであった。

「あまりにも悔しかったので、その日の夜は寝られませんでした。ノートにホームベースの絵を描いて、どうすれば打ち取れるのか、どこに投げればいいのか、いろいろボールの軌道を考えているうちに朝を迎えました」

岡島が投じたボールはアウトコース低めギリギリを狙ったもので、決して失投ではなかった。それでも、「自分は致命的なミスをしていたのだ」とすぐに悟った。

「確かに、日本の感覚でいえば悪いボールではないんですけど、ストライクゾーンギリギリのボールだったので十分にバットが届く範囲。今から思えば注意が必要なゾーンでしたね。僕らは常に〝右バッターのアウトローにいかに決められるか？〟を意識しながら練習してきました。でも、そのボールをいきなり逆方向にホームランされました。しかも八番バッターに。〝これはとんでもないところに来てしまったぞ……〟と思うと同時に、これまでのやり方を改めるべく目が覚めた気がしました」

本当ならば、開幕前にマスターした「スプリットチェンジ」を投じたかった。そうすればもっと簡単に相手打者を封じることもできたかもしれない。しかし、女房役のバリテックから、「ヤンキース戦まで温存しておけ」と命じられていた。

（オレにはまだ奥の手があるのに……）

結果が求められるルーキーとしては、「温存」という余裕はなかった。それでも、キャプテンは「その先」を見据えている。今はただ、それまでに培った技術と、相手打者の研究によって、何とか結果を残すしかない。

屈辱の夜、岡島はそんなことを考えていた。

悔しさは力に変わる。この日の被弾は、結果的に岡島にとって意味あるものとなった。この開幕戦以降、彼は結果を残した。中継ぎで登板し、19試合連続無失点を記録したのだ。この年、レッドソックスのリリーフ防御率がリーグトップとなったのは、セットアッパーの岡島とクローザーのジョナサン・パペルボンの両輪が大活躍したからである。

岡島は早くも、チームにとってかけがえのない貴重な戦力となっていたのだ。

メジャー初セーブを記録。チームメイトの信頼を勝ち取る

どうして岡島はメジャーデビュー早々から結果を残すことができたのか？

そこにあったのは、自分のやり方に固執しない「マインドチェンジ」だった。

「開幕戦で初球ホームランを喫してからは、〝バットに当たったらホームランになる〟というつもりで投げることを決めました。実際はそんなことはないんですけど、それぐらいの思いを持っていなければ抑えることはできない。だから、〝バットに当たらないボールを投げよう〟と考えることにしました。要は、〝ワンバウンドを振らせよう〟ということです。ワンバウンドのボールならバットに当たらない。バリテックなら止めてくれるだろう。そんな意識を持つことにしました」

さらに岡島は「高低」だけでなく、「幅」を意識するようにしたという。

「ホームベースをかすめるようなボールはホームランの危険性が高い。それはメジャー初登板で痛感しました。だから、ボールになってもいいからバットが届かないところに投げることを意識しました。左バッターは抑える自信があったので、意識したのは右バッターです。インコースを見せておいて、アウトコースのボールの出し入

れで勝負すること。アウトコースのカーブを有効に使えるように練習しました」

故障上がりで3連投を避けていたパペルボンの休養日となった4月23日には、クローザー役を託され、メジャー初セーブを挙げた。相手は宿命のライバル、ヤンキースだ。この日、ついに解禁したのが新魔球「スプリットチェンジ」だった。

「それまでずっと投げていなかったスプリットチェンジもヤンキース戦で披露しました。初めて見るボールに相手も驚いたと思います。この初セーブをきっかけに、チームメイトたちの僕を見る目がガラリと変わったような気がします」

それまでは軽くあいさつをする間柄だったものが、相手から声をかけられる機会が増えた。あるいは、覚えたばかりの日本語で話しかけられるようにもなった。岡島は自らの実力で、名門レッドソックスの一員となったのである。

「キャプテンのバリテックは何度も食事に誘ってくれたし、（デビッド・）オルティーズは同学年なので家族ぐるみのつき合いでした。家にも泊まりにいったし、ハロウィンのときには、お互いに子どもを預けて夫婦でクラブに踊りにいったこともありました。そしてマニー（・ラミレス）はものすごく親日家でした。ミズノとかSSKとか、日本製のバットを愛用していたんですけど、元々、日本に関心があるようでした。すごくウエルカムな人柄で、チームメイトたちに愛用の香水を配っていました。僕は今でも、その香水を日本で買ってつけています」

球史に残るスーパースターの名前が次から次へと登場する。一流選手たちとの交流は刺激的だった。岡島は自らの実力で彼らに認められたのだ。

ライバル・ヤンキースへの思い、元同僚・松井秀喜との対決

4月5日、松坂大輔はカンザスシティ・ロイヤルズ戦でメジャー初登板初勝利を記録する。同月18日には、井川慶がクリーブランド・インディアンス戦に先発し、待望のメジャー初勝利を挙げた。スター選手たちの目覚ましい活躍に負けず劣らず、岡島も奮闘した。

4月にはルーキー月間MVPを獲得し、6月1日には、同じくヤンキース戦でメジャー初勝利をマークした。ますます、チーム内での立ち位置は確固たるものとなっていく。

「元々、メジャーリーグの知識がほとんどなかったし、そもそもボストンがどこにあ

るのかも知らないほどだったので（笑）、レッドソックスとヤンキースとの関係も、〝巨人と阪神のようなものなのだろうな〟と理解していたんですけど、実際はファンだけでなく、選手も首脳陣も、ヤンキースに対するライバル意識は、想像以上のものでした。〝絶対にヤンキースには勝たなくちゃいけないんだ〟というのは、早い時期に実感することができましたね」

ヤンキース戦になると、周囲のムードは一変した。試合中にもかかわらず、スタンドのあちこちで両チームのファン同士がケンカしているシーンを何度も見た。

「グラウンドの中も外も、常に火花がバチバチでした。観客席ではまずは口論から始まり、水のかけ合い、そして殴り合いにまで発展して、結局はお互いに警察に連れ出されていました。そういう姿を見ていたら、〝ヤンキース戦だけは絶対に抑えなければいけないな〟という思いが自然と芽生えてきますよね。アメリカンリーグの同地区なので、ヤンキースに勝たなければ優勝もないわけですから、余計に目の色を変えて臨みました」

ジョニー・デイモン、デレク・ジーター、アレックス・ロドリゲス、ジェイソン・ジアンビ、そして松井秀喜。当時のヤンキースは強打者揃いだった。

「他の選手はまだいいんですけど、松井さんと対戦するのは本当にイヤでしたね。同じ《ヒデキ》繋がりなんですけど、ジャイアンツ時代に彼の勝負強さを間近で見ていましたから。目も合わせたくないほどだったので、〝打たれるならばフォアボールでいいや〞と思って投げていた。実際にほとんど外角にばかり投げてフォアボールになっていましたね（笑）」

オールスター前まで13試合連続無失点を記録した。前半戦を終えて39試合に登板して2勝0敗4セーブ、防御率0・83という文句ない成績も残し、オールスターゲームにも最終インターネット投票で選出された。残念ながら夢の舞台での登板機会はなかったものの、すでに岡島はリーグを代表する選手の仲間入りを果たしていた。

渡米初年度でワールドチャンピオンに！

渡米初年度となった07年、レッドソックスはヤンキースを撃破した。さらにリーグチャンピオンシップシリーズ、そしてワールドシリーズも制覇してチャンピオンに輝いた。

「当初、〝まずはヤンキースに勝つこと〟を目指しました。そうしなければ地区優勝もないからです。それで勝つことができた。すると、〝よし、オレたちは勝てるんだ〟という思いになってきます。チームスタッフ、ファン、そして選手の奥さんたちも含めて、みんなで〝頑張れ〟と背中を後押ししてくれました」

ディビジョンシリーズを勝ち上がり、リーグチャンピオンシップでは最終第7戦までもつれたものの、インディアンスを退けた。

「3勝3敗と崖っぷちまで追い込まれた第7戦の試合前のミーティングのことです。このとき、オルティーズがみんなの前で、〝オレたちはヤンキースに勝ったんだ。オレたちがいちばん強いんだ〟と言いました。そして、〝こんなところで負けている場合じゃないだろ！〟と檄を飛ばしたんです」

この日は松坂の好投もあって、レッドソックスが11対2と大勝。3年ぶりのリーグ優勝でワールドシリーズ進出を決めた。続くワールドシリーズでは、松井稼頭央が在籍していたコロラド・ロッキーズと対決し、4勝0敗で完全勝利。レッドソックスはチーム創設以来、七度目のワールドチャンピオンとなった。

「メジャーでの優勝、ワールドチャンピオンとなったことが、僕の野球人生にとって最大の出来事でした。ワールドシリーズでは最後にホームランを喫してしまったけど、それでもチャンピオンに輝いたあの日の喜びは一生忘れません。改めて〝勝たなきゃ意味がない〟〝2位じゃダメなんだ〟と痛感しました」

その後も岡島はレッドソックスのリリーフ陣を支え続けた。07年の66試合を皮切りに、翌年以降も64、68、56試合と、完全に中継ぎ陣の屋台骨を支える活躍を見せた。すでにチームに欠かせない存在となっていた。

「僕が成績を残すことができたのは、変則的な投球フォームだったこと、左投げだったこと、中継ぎ投手に徹していたことという、《三つの個性》があったからだと思います。そして、渡米してすぐに、それまで投げていたカーブを見せ球にして、新たにチェンジアップをマスターし、それを勝負球としたことも大きかったですね」

それまでの「カーブ投手」から「チェンジアップ投手」への転向。それはすなわち、自ら築き上げてきたことに固執せずに、貪欲に新たな自分に生まれ変わることを選択する「捨てる勇気」にあった。「適者生存」という言葉がある。岡島は新しい環境に適応すべく、自らの意思で「変わること」を選んだ。当然、リスクはある。それでも、変わらなければそのまま淘汰されていくだけだということは自明の理であった。腹を括って「変わること」を選択した岡島の意思の強さの勝利であった。

しかし、レッドソックスと再契約を結んだ11年はオープン戦での不振が響き、渡米以来初めて、マイナーでのスタートとなった。4月にはすぐにメジャー昇格したものの、チームは他球団からトレードでリリーフ投手を獲得。岡島の出番は急激に減ってしまった。

「この年はマイナー暮らしが続き、シーズンオフにレッドソックスを離れることになりました。でも、すぐにヤンキースとマイナー契約を結ぶことができ、〝まだアメリカで投げられる〟という希望を抱いて、12年を迎えたんですけど……」

12年のキャンプイン直前、岡島に信じられない通知が届いた。メディカルチェックの結果、「あなたの肩には異常があるので、契約はできない」と告げられたのだ。

「本当に驚きました。何も痛みはなかったからです。それでも、医師の診断は絶対なのでいくら言ってもダメでした。このときが、野球人生最大のショックでした」

「野球人生の最後はアメリカで迎えたい」

11年シーズン終了後、岡島の頭には「日本球界復帰」の思いはまったくなかった。ウインターミーティングでは獲得球団が現れず、年明けになってようやくヤンキースとマイナー契約を結んでいた。しかし、突然の一方的な通知で契約を反故にされてしまったのだ。

「呆然としました。いくら言っても、聞く耳を持ってくれませんでした。自覚症状は何もなかったです。チームに指定された病院でMRIも撮りました。不思議だったのは、一度もMRI画像を僕に見せてくれなかったことです。このとき、契約したばかりのエージェントからの連絡も途絶えました……」

契約が白紙になっただけでもショックだったのに、一連の出来事をヤンキースがマスコミに発表したことも、岡島にとっては大ダメージとなった。岡島は故障を抱えている。他球団はそう理解した。

こうして、彼はアメリカでの行き場を失ってしまったのである。

途方に暮れていた岡島に救いの手を差し伸べたのが福岡ソフトバンクホークスだ。

「1年だけ日本球界に復帰したけど、僕の中には〝絶対にヤンキースを見返してやる〟という思いしかありませんでした。それで、13年にオークランド（・アスレチックス）でプレーする選択をしました」

この頃の岡島の写真を見ると、キャップからこぼれんばかりの長髪となっている。髪を切る時間がなかったのではない。自らの意思で伸ばしていたのだ。

「当時、自分では《ライオンヘア》と名づけていました。この頃の僕は、〝ヤンキースを見返してやろう〟という思いで過ごしていました。だから、ヤンキース相手に投げるまでは髪を切らない。そんなことを考えていたんです」

アスレチックスではマイナー生活が続いた。当時チームメイトだった中島裕之（現・宏之）とともに、過酷な日々を過ごした。

「給料も安かったし、移動も辛かったけど、何よりも食事が本当に大変でした。支給されるのがドーナツ1個とバナナ1本というときもありました。だから、ナカジ（中島）と一緒に『サトウのごはん』を買ってきて、ふりかけと一緒に食べることもありました。あれは本当に《試練》と言っていいんじゃないですかね」

チャンピオンリングを手にした経験を持つ37歳のマイナー生活は過酷だった。それでも5月、岡島はメジャーに昇格する。

そしてついにヤンキースとの対戦が実現した。

「結果的に（ロビンソン・）カノには打たれたけど、〝オレはまだ投げられるんだ〟ということを証明できたので、自分の目標はクリアできました。そして、このときようやく髪を切ることができました」

試合前、当時ヤンキースに在籍していたイチローと談笑した。このときイチローは岡島の長い髪を見て、「チャラいな」とからかったという。

「もちろん、イチローさんは僕の思いなど知らないから、からかわれるのも当然なんですけど、僕としてはそれだけの決意を持っていたということなんです。ようやくこのとき、自分の中で何かが吹っ切れた気がしましたね」

すでに37歳となっていた。ピッチャーライナーが左腕を直撃するという不運に見舞われたこともあって、この年限りでアスレチックスからリリースされると、翌14年は再びホークスに。そして15年は横浜ＤｅＮＡベイスターズに移籍した。

「15年は肩やひじではなく、脚の故障で満足に投げることができないまま戦力外通告を受けてしまいました」

40歳直前での戦力外通告。誰もが「岡島は引退するだろう」と考えていた。しかし、本人の胸の内には「まだ完全燃焼はしていない」という思いがくすぶっていた。

「僕の気持ちとしては、〝野球人生の最後はアメリカで迎えたい〟という思いが強くありました。ボストンの人たちに、〝まだ岡島は投げているんだぞ〟という姿を見てもらいたかった。だから、もう一度挑戦することにしたんです」

40歳で迎えた16年シーズンはボルチモア・オリオールズとマイナー契約を結んだが、開幕前に戦力外となった。結果を残すことはできなかったけれど、希望通り、野球人生終焉の地はアメリカとなった。

完全燃焼だった。思い残すことは何もなかった。

改めて、アメリカで過ごした日々を振り返ってもらった。

「レッドソックスでは一度も外国人である疎外感を覚えたことはなかったです。人種や育ってきた環境が違っても、〝勝つためにはみんなで助け合わなければいけない〟という共通の思いがあったから。本当にいいチームでプレーできたことが最大の誇りです。いろいろな経験をしました。納得してユニフォームを脱ぐことができました」

16年8月11日——。岡島はかつての本拠地・フェンウェイパークのマウンドに立った。レッドソックスが、現役引退を決めた岡島をファーストピッチのゲストに呼んだのだ。登場曲はもちろん、かつてボストンのファンを熱狂させた『Ｏｋａｊｉｍａ ＯＫＩ－ＤＯＫＩ』である。万来の拍手が岡島を包みこむ。

これ以上の、幸せな結末があるだろうか？　岡島はやり切ったのだ。

岡島秀樹
HIDEKI OKAJIMA

ボストン・レッドソックス（2007-2011）
オークランド・アスレチックス（2013）

1975年12月25日、京都府京都市生まれ。東山高校から1993年ドラフト3位で読売ジャイアンツから指名。2006年、北海道日本ハムファイターズに移籍。同年11月、ボストン・レッドソックスと2年250万ドル（約2億9500万円）で契約。2007年4月2日、開幕戦のカンザスシティ・ロイヤルズ戦でメジャーデビュー。最初の打者に初球を本塁打される。6月2日のニューヨーク・ヤンキース戦でメジャー初勝利。オールスターゲームにも最終インターネット投票（32人目）で選ばれたが登板機会なし。同年のワールドシリーズでは日本人投手として初登板。2011年レッドソックスを退団、2012年福岡ソフトバンクホークスと契約。同年オフ、メジャー復帰を目指し退団、2013年、オークランド・アスレチックスとマイナー契約も自由契約。2014年ソフトバンクに復帰。2015年横浜DeNAベイスターズに入団、2016年ボルチモア・オリオールズと契約もふるわず、同年7月現役引退表明。186cm、88kg、左投げ左打ち

通算成績

	登板	勝	敗	セーブ	投球回	四死球	奪三振	防御率
NPB（15年）	549	38	40	50	739.2	373	760	3.19
MLB（6年）	266	17	8	6	250.1	105	216	3.09

05 西岡 剛

軽自動車とスポーツカー

大阪桐蔭高～千葉ロッテ～ツインズ～阪神

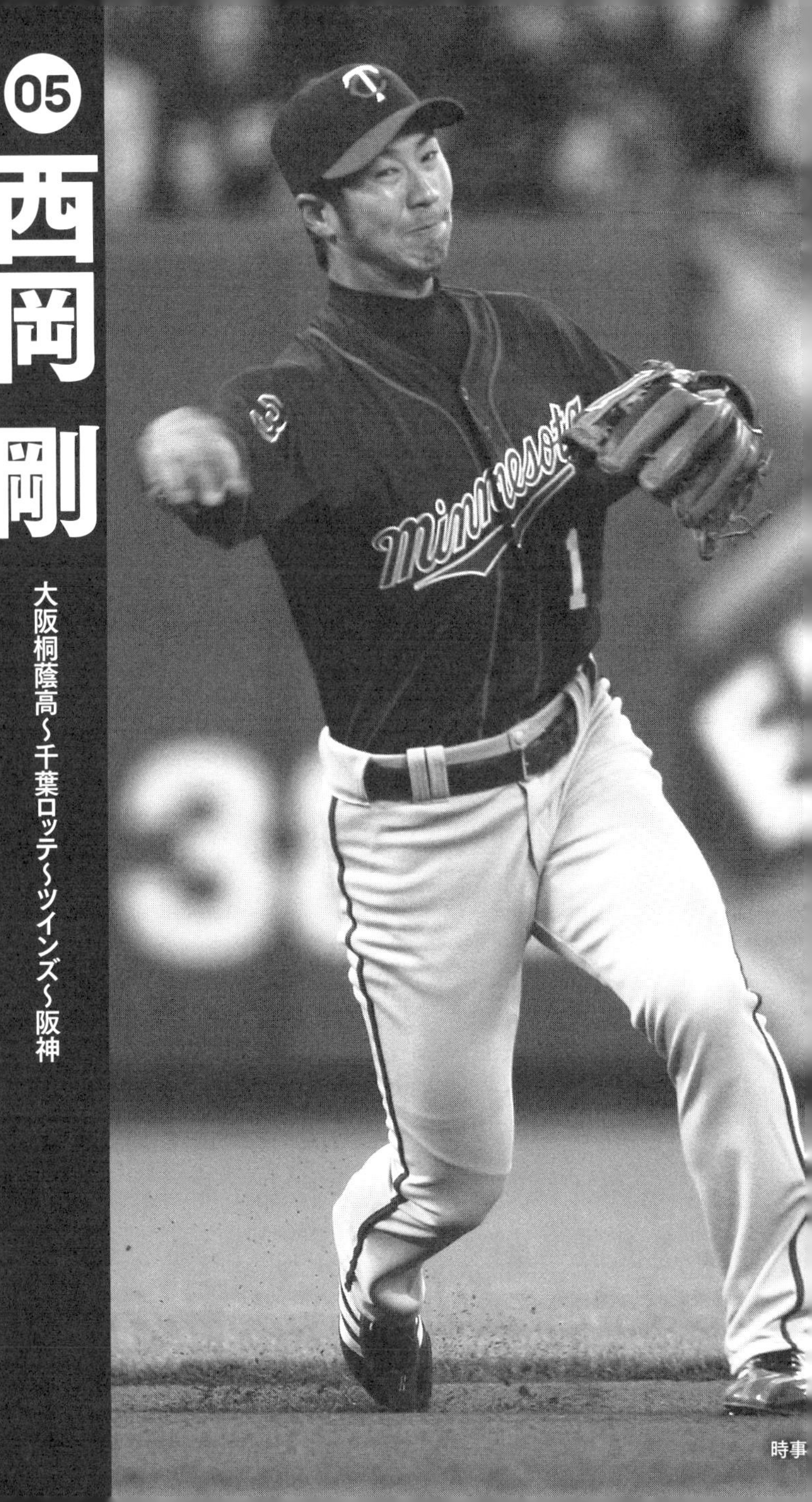

時事

「あらゆるものから逃げ出したい」という葛藤を抱えて

最多安打、そして首位打者のタイトルを獲得した。所属する千葉ロッテマリーンズは日本一に輝いた。すべてのものを手に入れたような充実感に満たされていたはずだった。しかし、心の中には晴れやかな感情は何ひとつなかった。

2010(平成22)年秋――。当時26歳の西岡剛は、突然メジャー挑戦を表明した。マスコミには「小さい頃からの憧れ、若いうちに挑戦して日本人内野手の評価を上げたい」と力強い意気込みを語っていた。

しかし――。

「今だから言えるけど、それはすべて嘘でした……」

神妙な口調で西岡は続ける。

「……正直言えば、当時の球団フロントへの不信感から、〝とにかく環境を変えたい〟と考えたことが本当の理由です。09年シーズン、僕はまだ25歳でしたから、本来ならば野球に集中したかったけど、すでにチームの中心選手だったのでそうすることもできずに苦しかった。そうした状況下で、フロントへの不信感はマックスでしたね」

09年は西岡にとって試練の一年となった。

それまでの6年間、着実にステップアップを続けていた。プロ3年目となる05年にはチームを31年ぶりの優勝に導き、パ・リーグ最年少での盗塁王にも輝いた。プロ5年目には早くも年俸1億円を突破し、球界を代表する若きスターとなった。06年の第1回WBC(ワールド・ベースボール・クラシック)、08年の北京五輪にも選出され、日本代表として世界の舞台で戦ったこともある。

しかし、09年の第2回WBCでは代表メンバーには漏れた。その理由は「ひざに故障を抱えているから」というものだったが、本人はそうは思っていない。西岡の自著『全力疾走』(宝島社)には、こんな一文がある。

選考に漏れた理由は、「シーズン中も膝のケガを押して試合に出ていたから」と説明されたけれど、本当はそうじゃないと思う。西岡剛という人間を見たときに、日の丸を背負うにふさわしい選手ではないと判断されたに違いない。

プライベートでも親交のある仲間たちの躍動する姿を、忸怩たる思いで見つめていた。その悔しさをバネにできればよかったのだが、当時の西岡は疲れ切っていた。

「北京五輪の頃から野球が面白くなくなってきてしまったんです。今までは好きだからやっていた野球が、ハッキリと《仕事》に変わったのがこの頃のことでした。そして、周囲の人の僕を見る目も変わりました。それまでは失敗しても、〝若いんだから、次、頑張れ〟と言われ、成績を残し始めてからは、〝若いのにすごい〟と言われていたけど、年俸が1億円を超えるようになると、〝高い給料をもらっているんだから、しっかりやれ〟となってくる。僕に求めるハードルが高くなってくるんです」

09年シーズン終盤、尊敬していたボビー・バレンタイン監督の解任が発表された。球団内部では、ボビー側につくのか、フロント側につくのか、中心選手である西岡をめぐる綱引きが始まった。また、チーム成績が低迷する中で、球団とファンとの信頼関係に亀裂が生じる。それを見かねた西岡がヒーローインタビューの際に「子どもたちの夢を壊さないでください」と発言したことで、今度は西岡自身も非難され、「応援ボイコット」にまで至ってしまった。

こうした状況を生み出したフロントへの不信感がさらに募っていく。

そして西岡は球団に直訴する。

「もしも来年、納得のいく成績を残せたらメジャーに挑戦させてほしい」

「アメリカに行きたいから」ではなく、「日本から離れたいから」だった。

「自分の可能性を試したいから」ではなく、「ここから逃げ出したいから」だった。

それは、決して「前向きな選択」ではなく、「消極的な選択」だったのである。

何もかもうまくいった2010年を終え、いざアメリカへ

自ら退路を断ち、背水の陣で勝負の一年を迎えた。

10年シーズン、西岡はキャプテンに就任し、全試合出場を果たした。さらに、最多安打、首位打者のタイトルを獲得し、チームも日本一となった。本人はもちろん、第三者からも認められる充実したシーズンを過ごした。

前年オフ、球団関係者と交わした約束が現実のものとなるときが訪れていた。

「その前年の09年には〝もう野球をやめたい〟と家族に伝えるほど追い込まれていま

した。シーズンオフに西岡家で家族会議をしたときにも、家族のみんなから〝頑張れ〟と言われることが辛かった。お金もいらないから、とにかく野球をやめたかった。〝環境を変えないと、このままではダメになる。自分が壊れてしまう……〟、そんな思いでこのシーズンは必死にプレーしていました」

10年シーズン終了後、西岡は自身のオフィシャルブログ『Tsuyoshi#1』11月10日付において、「熱い声援ありがとうございました‼」と題して、こんなコメントを発している（原文ママ）。

今、世間ではポスティングの話しで賑わせてしまい
球団、選手、ファンの方に迷惑かけてすいませんでした‼
僕の心境としては、メジャーへの夢は野球を始めたときから芽生えてました‼
とにかくもう一度ロッテで日本一という目標を
達成してからだという強い思いがありました。
その目標を達成してから、自分の夢を叶えようと思っていました！
もし日本一という目標が達成できなかったら球団に話し合いに応じてもらう事もな

かったと思います!!

それだけ強い思いを持って挑んだシーズンでした。

この目標に関しては誰にも伝えることができず辛かったですけど、それ以上にファンの熱い声援が心に響きました!!

みんなに伝わるかわからないですが僕は千葉ロッテの応援みて千葉ロッテが好きになりましたしすごくこのチームを愛しています。

なのにポスティングなんてって、矛盾してるところもありますが本当に個人的な夢なんですがメジャーで野球がしたいっていうのは子供の頃からの憧れだったんです!!

夢だったんです!!

どうか叶えさせてください!!

僕自身、日本人の内野手が成功しないと言われるなかまた日本人じゃ無理かもな!

また西岡剛じゃ無理かもな!

自分の力も知ったうえで、
挑戦してその印象を変えたいのです!!
どうかこんな西岡剛ですが応援してください!!

切実な訴えである。しかし、すでに述べたように本心は別のところにあった。

この年のオフ、球団の承認を得てポスティングシステムによるメジャーへの移籍を申請。その結果、ミネソタ・ツインズへの入団が決まった。年俸総額900万ドル超(約7億2000万円)、3年契約という好条件である。しかし、西岡に笑顔はない。

「契約内容はなんでもよかったんです。もちろん、新しい環境への挑戦だから、ワクワクもありました。アメリカ野球にも興味がありました。でも、本音を言えば、〝これでようやく環境を変えられる〟という思いがいちばん大きかった」

環境さえ変えられれば、どこでプレーしてもいい。この閉塞状況から抜け出せるのであればどこでもいい。それがこのときの率直な思いだった。

波瀾万丈の日々がスタートしようとしていた――。

いきなり直面した「メジャーの壁」

コンディションもスプリングキャンプでの調整も万全で、オープン戦でも好成績を記録した。このとき、現地メディアは西岡について「ツインズは金塊を掘り当てた」と報じている。

何から何まで順調すぎる滑り出しだったが思わぬ落とし穴が待ち構えていた。

「まずは、〝自分のスタイルでどこまで通用するのかな?〟という思いで、日本で取り組んできたことそのままで臨んで、オープン戦では結果が出ました。その時点では、自分なりに手応えも感じていたし、〝いけるんちゃうかな?〟とも思いました。だけど、開幕してすぐに、〝これはヤバいぞ〟って気づきました……」

開幕戦でメジャー初ヒットも放っていた。開幕以来、「二番・セカンド」でレギュラー出場していた。一体、何が「ヤバい」のか? 西岡は続ける。

「オープン戦でも各チームのエース級と対戦したけど、彼らはあくまでも調整登板でした。しかし実際に開幕してみると、そのボールは3割増しになっていたんです。僕はオープン戦の段階ですでに10割の力を出し切っていたのに……」

相手投手はオープン戦当時と比べて130%のボールを投げ込んでくる。西岡がいくら100%の力で臨んでも、太刀打ちできなかった。

「本当に一流の選手というのはどこかで力を抜いて、ここぞという場面で全力プレーをする。でも、僕の場合は常にすべての力を出し切っていました。そうすると、どうなってしまうのか？　そうです、故障してしまうんです」

開幕からわずか1週間しか経ていない4月7日のニューヨーク・ヤンキース戦において、一塁走者が二塁に滑り込んだ際に交錯し、左脚腓骨を骨折、故障者リスト入りしてしまった。人生初の骨折は「全治4～6週間」と診断された。

伏線はあった。

その直前、無死一塁での遊ゴロで、一塁走者のデレク・ジータの猛烈なスライディングを西岡はジャンプでかわすも、打者走者をセーフにしてしまった。

「ジータがこちらに向かってきたのでジャンプした結果、ワンバウンドスローとなってセーフになってしまった。だから、〝次は絶対にアウトにする〟という思いで臨みました。メジャーリーガーのスライディングが厳しいということはわかっていたので、ベースのかなり前に出て逃げたつもりだけど、それでもダメでした」

相手が130%の力で向かってくる以上、こちらも同等の力で対抗しなければ勝負にならない。当時の西岡は、そう考えていたという。

「でも、それは間違った考えだと思います。マラソンで言えば、僕の場合42・195キロを常に全力疾走しようとしていました。だけど、それでは絶対に完走できない。そして、必ずケガにつながるんです」

「軽自動車はスポーツカーには追いつけない」

戦線離脱を余儀なくされた直後、チームは内野手を補強する。うかうかしていれば、すぐにポジションは奪われる。いきなり「メジャーの洗礼」に直面することとなった。

「僕が骨折した2日後か3日後には、ドジャースから6億円の内野手を獲得しました。これが日本だったら、主力が故障した場合には二軍の選手を起用して、主力が復帰するのを待つじゃないですか。でも、アメリカは違いました。日本で言えば、僕が故障したらすぐにジャイアンツから坂本勇人選手を獲得するようなものですから」

この頃、チームの看板選手であるジョー・マウアーも故障者リスト入りしていた。後に永久欠番となる背番号「7」を背負う地元の英雄だ。

「フロリダで一緒にリハビリをしたんですけど、僕もマウアーもメジャー契約をしているから、マイナーに行っても特別待遇で時間はたっぷりありました。それで、自宅でのバーベキューに呼ばれたり、一緒に食事に行ったりしました。そのとき、いろいろと相談に乗ってもらったんです」

このとき「戻っても、もう居場所がない」とグチをこぼすと、マウアーは言った。

「ツヨシの場合はメジャー契約で40人の支配下枠を勝ち取っているんだし、チームとしても期待しているんだから、1年目から居場所がなくなることは絶対にない。チャンスは必ずやってくる。チームはお前のことを必要としているんだから」

ともすればふさぎ込みがちになる気持ちをマウアーが支えてくれたのだ。

「この言葉でモチベーションを保つことができた気がします。実際、故障から戻ったら、再びレギュラーとして起用されましたしね」

しかし、野球の神様はさらなる試練を与える。8月には右脇腹を故障し、再び故障者リスト入りしてしまったのだ。このときのことを振り返っていたとき、西岡はふと、こんなことをつぶやいた。

「結局、軽自動車がスポーツカーに追いつくことはできないんです」

さらに西岡は続ける。

「どれだけプロテインを呑んで筋トレをしても、そもそも積んでいるエンジンが違うんです。だからエンジン勝負をしても絶対に勝てない。例えばイチローさんのように、エンジンの馬力で勝負するのではなく、コーナーリングやコース取りを考えて勝負しなければならないんです。でも、ついついエンジンで勝負したくなるんですけどね。そこでブレずに戦える人がメジャーで活躍する人なのかもしれない」

結局、メジャー1年目は68試合に出場して、打率・226、0本塁打、19打点、2盗塁に終わった。特に目立つのが「12失策」という数字だった。日本では三度のゴールデン・グラブ賞を獲得していた守備の名手の西岡からすれば、信じられない数字だった。

「もちろん、天然芝での試合が増えるし、芯に当たったときの打球の速さもケタ違いでした。さらに、芯を外したときの不規則な打球への対応も必要で、本当にとまどいました。ナックルのように揺れながら飛んでくる打球も多かったですから」

1年目を終え、すでに自信は消え失せていた。彼の手に残っていたものは、明るい希望ではなく重苦しい不安だけになっていた――。

マイナー暮らしが続いた渡米2年目

何も結果を残せなかった11年シーズンを終え、満を持して迎えた2年目のシーズン。西岡を待ち構えていたのは、またしてもケガだった。

スプリングキャンプ中に左手小指を故障。さらに4月には右足首の捻挫で前年に続いて故障者リスト入りとなる。

「2年目のキャンプは、A班、B班のうちB班でのスタートでした。A班はレギュラー組で、B班は彼らが退いた後に試合に出る立場でした。もう、この時点でチーム内の自分の立ち位置がハッキリとわかります。そして、2年目の開幕をマイナーで迎えることになりました。確かにキャンプ中に故障はしたけど開幕前にはプレーできる状態だったから、ケガが理由ではなく、単に実力不足と判断されたのだと思います」

オフィシャルブログ、12年4月5日付「開幕2012」では率直な思いを吐露している（原文ママ）。


今日マイナーで開幕を迎えます。

メジャーの舞台を夢みて飛び込んだ世界やから、どんな現実が待っていても、絶対に逃げないし、弱音なんか吐いてる暇はないです。

今年はキャンプ前から去年とは、また違う厳しいスタートになるなと覚悟していたので、マイナーに落とされたとき悔しかったですけど、落胆したりマイナスになることは、なかったです。

「よし！　今年はここからのスタートや！　絶対逃げない！　やってやる」

と心に火がついたのを覚えています。

今まで、いろんな壁にぶち当たってきましたが、毎年その壁の高さがだんだん高くなってる気がします（笑）

まぁ、マイナーは過酷と聞いて知ってましたが、経験して過酷と言われる事が身をしみてわかりました。正直、マイナーは、日本の二軍よりも高校よりもキツイです（笑）

「日本の二軍よりも高校よりもキツイ」環境下で、常に全力でプレーしていればどうしても故障を誘発してしまう。そんな悪循環に陥ってしまっていたのだ。

「常に全力で必死だから、まったく余裕がないんです。実際、いつも全力でプレーする選手に、いい選手はいませんから」

2年目開幕時の心境を尋ねると、西岡は隠すことなく率直な思いを吐露する。

「もう完全に自信をなくしていましたね。そもそもメジャーを目指していなかったから、その先の目標を持っていなかったのも大きかった。当然のことかもしれないけど、そんなに簡単なものではなかったです」

前述したように、西岡がアメリカ行きを決めたのは、球団フロントへの不信感であり、「どうしてもメジャーリーガーになりたい」という情熱ではなかった。

「当時の僕には、〝メジャーで首位打者になるんだ〟とか、〝こんな選手になりたい〟という具体的なイメージが何もなかった。メジャーリーガーになってからの、その先が見えていなかったんです」

当時の西岡にとって、「アメリカに行くこと」は「ゴール」であり、「通過点」ではなかったのが災いした。12年シーズンのほとんどをマイナーリーグで過ごした。このとき、ヤンキースのマイナーには福留孝介もいた。

「この年、ヤンキースのマイナー球場が改装中で、僕らのチームの球場を使っていたんです。だから、孝介さんとはよく一緒になりました。住んでいる場所も近くて、日本料理店やスターバックスで偶然に会うことも多かったんです。高校時代に憧れていた人だったので、近くにいて、いろいろお話ができたのは救いとなりました」

両者は互いの近況を報告し合い、鼓舞し合った。冗談で、「日本で同じユニフォームを着ようか」と話したこともある。まさか、翌年にその言葉が現実のものになるとは思ってもいなかった。

この頃、マイナーリーグの試合ではしばしばＮＰＢの駐米スカウトたちの姿があったという。

「当時はデストラーデ（元西武）やセギノール（元日本ハムなど）、あるいは元阪神のジェフ・ウィリアムスが駐米スカウトとしてマイナーリーグを視察していました。きっと、ジェフから、〝西岡はまだ使える〟という情報が日本に届いていたんだと思います」

なかなかメジャーに昇格できず、鬱々とした日々を過ごしていた頃、阪神タイガースのスカウトから声がかかる。

「その後、いくつかの日本の球団から〝来年はどうするのか？〟と声をかけていただきました。その中でも、特に熱心だったのが阪神でした」

自ら決断し、契約を解除。幻に終わった「3年目」

忍従の日々を過ごす中、ようやく8月6日にメジャー昇格を果たした。

しかし、シーズン初出場となる対クリーブランド・インディアンス戦では2失策を記録する。結局、3試合に出場して12打数無安打、1打点に終わり、爪痕を残すことができないまま、13日に再降格となった。さらに20日には40人枠からも外され、出場機会も完全に絶たれてしまった。

「10年に日本で最高の結果を残してコンディションもよかったので、渡米当初は自分のスタイルを貫くつもりでしたけど、1年目の6月ぐらいからは自分なりに始動を早くしたり、ノーステップで打つようにしたり、改良を重ねました。それでもまったく結果を残すことができなかった」

そして、西岡は悟った。

（自分はメジャーでは通用しない……。このままでは何も変わらない……）

入団時に結んだ3年契約はあと1年を残していた。しかし、もはや自らを奮い立たせる気力は残っていなかった。

「それでも、そこから努力してきちんと結果を残せる人もいます。でも、僕にはそこまでの気力も能力もなかった。今から思えば、このときが野球における成長が止まった瞬間なのかもしれません。その思いを父に相談すると、すごく怒られました。《石の上にも三年》という言葉があるように、逃げるとか、諦めるというのは日本人には許されない文化ですから。でも、父に言いました。〝このままではオレが壊れてしまう……〟って」

09年シーズン、フロントとのさまざまな軋轢の中で鬱状態に陥り、絶望の淵まで追いつめられた。そしてこのとき、再び同様の事態に陥っていた。

「他人からは、〝西岡は逃げた〟と言われても仕方ないと思います。でも、僕からすれば、それは〝回避した〟という感覚なんです。同時に、自分自身を〝守った〟という感覚でもあるんです」

第三者から見れば、それは「逃げた」、あるいは「諦めた」と映るのかもしれない。しかし、当の本人にとっては、それは「回避した」であり、「守った」のである。12年9月29日のオフィシャルブログでは「報告」と題して、次のように綴っている（原文ママ）。


3年契約で後1年の契約が残っているのに、ツインズのチームを去る理由は、ストレートに言うとチームから必要とされる結果を出せなかったことです。僕自身アメリカでプレーして、全てにおいて力のなさを痛感しました。

マイナーに落とされ8月には40人枠から外されメジャーでプレーするには、まず40人枠というものに選ばれないとメジャーでプレーすることはできません。

この状況のなか、自分とツインズにとって何がいい選択なのかを考えました。その結果、ミネソタ・ツインズを退団する事を決断しました。

僕自身このアメリカでプレー出来た事は、本当に後悔していません！

でもメジャーに挑戦するときに、みんなに絶対活躍してくると言ったのに結果をだせなかったことは、本当に申し訳ありませんでした。

そして、こんな言葉で文章は終わる。

野球が好きです。野球がしたいです。こんなバカな男ですけど、頑張って、頑張って、頑張りまくるから！　応援してください！

アメリカからの撤退を考えた際に真っ先に相談したのが5歳年上の兄だった。心身ともに病んでいた時期には、会社を辞めて西岡の個人マネージャーを務めてくれた。兄にだけは最初に自分の思いを伝えておきたかった。

「人生は一度きりのもの。もう大人なんやから、自分の好きなようにやった方がいい。他人の意見を採り入れて、もしもうまくいかなかったときには必ず後悔する。〝あのとき、自分の考えを押し通せばよかった……〟と思うぐらいなら、自分の好きにした方がいい」

兄の言葉も西岡の背中を後押しした。父親は、西岡の帰国に反対していた。それでも、最終的には「お前の好きなようにしろ」と納得してくれた。

すでに心は決まった。残り1年の契約を解除し、熱心に自分のことを気にかけていてくれているタイガースへの入団を決めた。西岡は、自らの意思で帰国を決めた。それは「名誉ある撤退」ではなかった。「このままでは自分が壊れてしまう」という思いに駆られた上での「自衛のための撤退」だった。

こうして、翌13年からの日本球界復帰が決まった。

「必要な存在になりたい」という切実な思い

「2年間のアメリカ旅行から帰ってきた西岡です」

阪神タイガース復帰会見での第一声である。会場からは笑いが漏れた。和やかな雰囲気での幕開けとなった。しかし、言葉とは裏腹に複雑な心境を抱いていた。

「あの発言は完全なリップサービスです。関西人のノリとしての発言です。ネット上で、そんなことを書かれているのは知っていましたから、〝こんなことを言えば笑ってくれるだろう〟という思いで言っただけです。ファンの人に喜んでもらう、楽しんでもらうのも僕らの仕事の一つだと思っているから……」

そして、憤然とした面持ちで西岡は言った。

「……《旅行》だなんて思うはずがないじゃないですか」

孤軍奮闘で過ごしたあの2年間が、単なる「旅行」であるはずがない。あの時間を意味のあるものとするためには新天地となるタイガースで結果を残すしかない。

アメリカでの2年間を経て、西岡は「必要とされる環境の大切さ」を再認識したという。自分のことを必要としてくれる組織や存在のありがたさである。

「正直言って、ツインズでは僕は必要とされていなかった。もちろん、必要とされる存在になるには、そのための努力をしなければいけないし、結果も出さなければいけないのはわかっています。でも、チームの戦力になることができなれなければ、その環境の下でモチベーションを上げることは難しい。サラリーマンの人だって、誰からも必要とされていなければ、〝会社のために頑張ろう〟とはなかなか思えないんじゃないかな？　それはプロ野球選手も一般の人たちも一緒だと思いますね」

プロ野球選手、メジャーリーガーとなったからには、「チームに必要とされる存在になりたい」と考えるのは当然のことである。「スピードスター」と称されていた千葉ロッテマリーンズ時代には、誰もが認める「必要な選手」だった。

「ＦＡ宣言した選手が移籍するときに、〝自分を必要としてくれているから〟と言うけど、あれは本心だと思います。赤の他人で〝高額な年俸につられた〟とかいやらしい見方をする人もいます。でもそれはお金というものが、〝どれだけ自分を必要としてくれているのか?〟を示す数字だからです。選手はただ、自分を必要としてくれる場所でプレーしたい。その思いだけなんです」

71試合、233打数50安打、0本塁打、20打点、打率・215

ツインズで過ごした2年間で西岡が残した数字である。

「これが、あのときの僕のすべてです。必死にやった結果がこの数字です。それ以上でも、それ以下でもないです。これが、あのときの僕のすべてです」

西岡は「あのときの僕のすべて」という言葉を繰り返した。

「もしもあのままアメリカに残っていたら……」

以来、さまざまな故障と闘いながら、タイガースでは6年間を過ごした。18年限りでチームを去った後も、西岡はなおも現役続行にこだわり、19年から21年の3年間を、独立リーグの栃木ゴールデンブレーブスでプレーした。

そして22年からは九州アジアリーグに加盟した新設球団・福岡北九州フェニックス（現・北九州下関フェニックス）に関わり3年が経過していた。

西岡が「3年間」にこだわるのには理由があった。

「メジャー時代のことを振り返ったときに、〝たとえマイナー生活でもいいから、もし3年目もアメリカにいたら？〟と考えることがたびたびありました。これまでの人生で、僕にはあまり後悔はないんですけど、唯一あるとすれば3年契約を2年で打ち切ってしまったことなんです」

あの時点で「自衛のための撤退」を決めたことには納得している。そうしなければ壊れてしまったからだ。けれども、それでもふと「もし、3年目もアメリカにいたら……」と頭をよぎることはしばしばあった。

もしも、そのままアメリカにいたとしても自身を取り巻く環境に大きな変化はなかっただろう。やはり、1年目、2年目と同様にもがき苦しみながら、マイナー生活を送っていたことだろう。冷静に考えれば、自分でもそう思う。

けれども、それでもあえてアメリカに留まっていたならば、また違った経験や気づきを得られたかもしれない。

今となってはどうしようもない自問自答が頭の中を駆けめぐる。そうした思いから、栃木でも北九州でも「3年間」をまっとうする覚悟を決めたのだ。

改めて、「アメリカでの2年間」について、西岡に尋ねる。

「まず言葉を身につけるべきでしたね。サッカー選手の場合、中田英寿さんにしても、本田圭佑選手、長友佑都選手にしても、小さい頃から海外進出を目指して、早い時期から語学を学んでいますよね。僕には、そうした考えがそもそもなかった。もしも英語を喋れたらもっと人脈も広がって、いろいろな出会いもあったはずですから」

さらに、「もしも生まれ変わることができたとしたら?」と質問を投げかけると、西岡は「もしも生まれ変わったら、もう一度挑戦する」とキッパリと言い切った。

「僕の中では、〝やり切った〟という思いがある一方で、〝もっとやるべきこと、できることもあった〟という思いもあります。言葉の問題もそうだし、〝もっときちんと準備をしてアメリカに挑みたかった〟という思いもあります。そして……」

一拍おいて西岡は言った。

「……日本のプロ野球で成績を残すことができた。そして、活躍することができた。そのことをあくまでも《通過点》と考えた上で、もう一度アメリカに挑戦したい」

そして、念を押すように西岡は繰り返す。

「人から見れば大失敗に見えると思います。でもアメリカでの経験を、自分の人生の財産にできるかどうかは、今後の僕次第ですから。だから何も後悔はないです。あくまでも、あの2年間をどう生かすかは、これからの人生にかかっているんですから」

自分自身に言い聞かせるようにつぶやいた。超最高級のスポーツカーの集団に飛び込んで悪戦苦闘を続けた日々に意味を持たせるべく、西岡の人生はなおも続く——。

西岡 剛
TSUYOSHI NISHIOKA

ミネソタ・ツインズ（2011-2012）

1984年7月27日、大阪府大東市生まれ。大阪桐蔭高より2002年のドラフト1位で千葉ロッテマリーンズから指名。2010年、ポスティングシステムによるメジャー移籍を申請。ミネソタ・ツインズが532万9000ドル（約4億4240万円）で交渉権を獲得した。同年12月にツインズと総額925万ドルの3年契約（4年目は400万ドルの球団オプション）を結び、同球団初の日本人野手となった。2011年4月1日対トロント・ブルージェイズの開幕戦でメジャーデビュー。7日のニューヨーク・ヤンキース戦の守備で1塁走者と交錯、左足腓骨を骨折し故障者リスト（DL）入り。6月にメジャー復帰も8月に脇腹を痛めて9月に再びDL入り。2012年も故障続きで、40人枠を外れる。シーズン終了後に翌年の契約解除を申し出、自由契約に。2013年、阪神タイガースに移籍。2018年自由契約に。2019年、BCリーグ栃木へ入団。2021年九州アジアリーグ福岡北九州フェニックスに監督兼選手として就任。182㎝、88㎏、右投げ両打ち

通算成績

	試合	打席	安打	本塁打	打点	盗塁	三振	打率
NPB（14年）	1125	4664	1191	61	383	196	607	.288
MLB（2年）	71	254	50	0	20	2	44	.215

06

井川慶

水戸商高～阪神～ヤンキース～オリックス

本当にメジャーは「世界最高峰」なのか？

時事

憧れのメジャーに、満を持して挑戦

メジャーリーグを意識したのはプロ6年目となる、2003（平成15）年、井川慶が24歳の頃のことだった。

前年には開幕投手に任命され、読売ジャイアンツのエース・上原浩治と投げ合い、1失点完投勝利を記録した。その勢いでペナントレースも勝ち進み、最多奪三振のタイトルも獲得。14勝9敗、防御率2・86という堂々たる成績を残した。チームは4位に沈んだものの、ローテーションの中心として、大いに存在感を放った一年となった。

そして03年、星野仙一監督の下、阪神タイガースはセ・リーグを制覇する。井川は20勝5敗、防御率2・84で最優秀防御率、最多勝、最優秀投手、ベストナイン、沢村賞、さらにMVPを獲得。タイガースのエースの座を確保するだけでなく、セ・リーグを代表する投手の仲間入りを果たした。

「01年、野村克也監督時代からローテーションには入っていました。この頃から、〝最優秀防御率のタイトルがほしい〟と思っていました。そして、03年にようやくタイトルが獲れた。そして、チームも優勝した。ようやく自信も芽生えてきて、〝もっと上のレベルがあるのならば、挑戦してみたい〝と考えるようになりました」

メジャーリーグ挑戦の夢を抱きつつ、まだ具体的なアクションを起こしてはいなかった。契約更改の席上では「アメリカを意識しています」という思いを球団関係者に伝えていた。しかし、チームにとって井川の海外移籍は大きな痛手となる。海外FA資格を取得するまでは事態の進展はないものと思われていた。

しかし――。実際はそうではなかったと井川は振り返る。

「もちろん、球団の役職のある人たちは〝井川に残ってほしい〝と言うんですけど、実際のところは、多くの人が個人的に応援してくれていました。だから、僕の代理人さんと球団とでじっくり話し合い、いい形で移籍できるように折り合いをつけるだけでした。それより球団も僕も、〝どうすればファンの人に納得してもらえるだろうか？〝ということをずっと考えていました」

タイガースは、井川のメジャー挑戦に対して容認し、むしろ応援するスタンスをとっていたという。球団に迷惑をかけない形で移籍する方法は、代理人とひざを交えて詰めていけばよかった。その一方で、「どうすればファンから快く送り出してもらえるのだろうか？」ということに腐心した。答えはシンプルなものだった。

――結果を出し続けるしかない。

それが、当時の井川が導き出した結論だった。04年は14勝（11敗）、05年は13勝（9敗）、06年は14勝（9敗）と、5年連続で2ケタ勝利を達成した。03年は星野監督、05年は岡田彰布監督の下でリーグ制覇にも貢献した。文句のない活躍だった。

05年オフ、球団も正式に井川のメジャー挑戦を認める声明を発表し、ファンもそれを快く受け止めた。アメリカに行く障壁はなくなった。

「そして、岡田監督も僕の背中を後押ししてくれたことも大きかったです。05年はまだ〝本当にポスティングでいいのか？〟という雰囲気で事態は進展しなかったんですけど、06年は球界全体が動いたというか、松坂君、岩村さんのメジャー挑戦もあって、雰囲気が一変したことも大きかったです」

このとき、西武ライオンズのエース・松坂大輔、東京ヤクルトスワローズの岩村明憲、北海道日本ハムファイターズの岡島秀樹ら、各チームの主力選手のメジャー挑戦がマスコミをにぎわせていた。井川にも追い風が吹いていた。

こうして、当時27歳の井川はポスティングによるメジャー挑戦を目指すこととなった。ＦＡ権取得を待っていては、30代になってしまうからである。

海外ＦＡ権を持たない選手が、その権利を取得する前にいち早くメジャーで活躍するためのポスティングシステムは、当時と現在ではその仕組みが異なっていた。

「当時のポスティングシステムは現在とは違って、入札額が最も高い１球団としか交渉できないシステムでした。どの球団が入札してくるのか、どの球団が最も高値をつけるのか、こちらから選ぶことはできませんでした。だから、僕としてはただ結果が出るのを待つだけでした。希望球団も特にありませんでした。よほどのひどい条件でなければ挑戦するつもりで待っていました」

しばらくして、入札結果が井川の下に届いた。入札金額は２６００万１９４ドル、当時のレートで約30億円という破格のものだった。

独占交渉権を獲得したのはニューヨーク・ヤンキースだった。

いきなり明らかになったボタンの掛け違い

「入札の結果、ヤンキースに決まりました。でも、僕からすればメジャー球団の知識もなかったので、本当にどこでもよかった。だから、〝あぁ、松井（秀喜）さんのいるチームか。日本人選手がいてよかったな〟と、それぐらいの感想でした」
世界一の名門球団への入団が決まっても、特に気負うこともなく井川は淡々として
いた。どの球団であっても、新しい世界で挑戦できることに意義があったからだ。12
月27日、5年2000万ドルに加え、成績に応じてインセンティブがつくという条件
での契約となった。総額20億円を手にすることとなったが特に感慨はなかった。
「年数だけは好条件だったと思います。でも、それ以外のオプションは何もついてい
ませんでした。そもそも、僕としては条件面ではそんなにこだわりがなかったです。
ポスティングシステムでの移籍ですから、向こうからは、〝どこからも指名がなけれ
ば、そのままタイガースに残るしかないんでしょ？〟と足元を見られているわけです
から、日米の航空券がどうとか、アメリカでの住む場所がどうとか、そんな希望は何
もありませんでした」
ただ、一つだけどうしても譲れないこだわりがあった。それが、「マイナー契約で
はなく、メジャー契約で」というものだった。
「自分はいつも春先の成績が悪くて、夏場にかけて調子が上がってきてトータルで見
るとある程度の成績を残している。そんなタイプのピッチャーでした。ましてアメリ

カ1年目ですから、相手バッターのことも手探り状態です。だから、〝開幕当初からしばらくの間は結果を残すことはできないだろう〟と自分でも思っていました。〝だけど、慣れてくれば結果もついてくるから大丈夫〟とも思っていました。だから、〝じっくりと腰を据えてシーズンに臨みたい〟と考えていたのでメジャー契約にはこだわりました」

ヤンキースはメジャー契約を結んでくれた。何も異存はなかった。しかし、井川は大きな誤解をしていたことにすぐに気づくことになる。後述したい。

少しずつ膨らんでいくヤンキースに対する違和感

07年春、初めてアメリカでのスプリングキャンプに臨んだ。この当時のヤンキースナインは後にレジェンドとして名を残すことになるスーパースターがそろっていた。

女房役のホルヘ・ポサダ、二遊間にはロビンソン・カノーとデレク・ジーター、サードにはアレックス・ロドリゲスがそろっていた。さらに外野にはこの前年にボストン・レッドソックスから加入していたジョニー・デイモンがセンター、ボビー・アブレイユがライト、さらにレフトには松井が並んでいる。そしてＤＨはジェイソン・ジオンビ。超強力打線が井川を支えていたのだ。

「でも、正直いえば彼らのすごさをよく理解していませんでした。入団のときには松井さんぐらいしか知らなかったので、入団後に彼らのことを理解しました（笑）」

前年シーズンから、メジャー流の調整に慣れるべく、「中４日」を意識して過ごしていた。「滑る」と言われるメジャー仕様のボールを常に手にして、少しでも違和感をなくすように努めていた。

「ボールについては、自分でも〝どうなるかな？〟と思っていたけど、特に問題はなかったです。フロリダ州・タンパでのトレーニングだったんですけど、あそこは意外と湿気もあるし、暑くて汗もかくのでボールが滑ることはなかったです」

ひとまず、ボールに関する不安はなくなった。しかし、井川の前にはそれ以上に大きな課題があった。

「入団してすぐに球団フロントからの対応に、〝あれ？〟と思うことは何度かありましたね。そもそも、僕の特徴を何も知らないで獲得していたようなことに驚きました。まず、〝あなたのいちばん自信のあるフィニッシュボールは何だ？〟と聞かれたことに驚きました。一応、あれだけの大金を支払うわけですから、もっと調査した上で獲得するものだと思っていたので……」

この質問に対して、井川は次のように返答した。

「自分は特に速いボールを投げるわけでもないし、特別な変化球があるわけでもない。トータルで勝負するピッチャーであり、勝負球も当然、そのときの状況によって変わる」

この答えを、相手はどのように受け止めたのかはわからない。けれども、入団早々からボタンの掛け違いが露呈したのは間違いなかった。

さらに、このキャンプ期間中にブライアン・キャッシュマンGMは言った。

「先発投手に関しては、クローザーのマリアノ・リベラを除いて、ピッチャー陣の中でもっともいい5人を上から順番に選んでいく」

この言葉に井川は違和感を抱いた。

「ピッチャーにはそれぞれ特性があるじゃないですか。人によっては長いイニングを投げるのが得意な人もいるし、短いイニングで力を発揮する投手もいる。陸上競技でも、マラソンが得意な選手もいれば、短距離が向いている選手もいる。そうしたことを無視して、ただ〝いいピッチャー上位5人を先発にする〟というのは、いかにもゲーム感覚だと思いました。GMに野球経験がないから、ただ数値だけで判断して点数が高い順に起用していくという考えですけど、野球はゲームとは違う。『パワプロ』をやっているわけではないんですから……」

違和感は日々募っていく。それでも、オープン戦では登板機会に恵まれた。3月5日、10日、15日、20日と、中4日での登板が続き、その後も26日、31日にマウンドに上がった。

ボタンの掛け違いを感じながらも、まずは開幕に向けて黙々と調整を続けていた。

不安だらけでつかんだメジャー初勝利

キャンプを終え、ニューヨークに戻ってきてすぐのことだ。

「このとき、ボールが滑ることに驚きました。キャンプでは平気だったんですけど、ニューヨークはタンパとは湿気も違うし、まだ寒いので汗もかかない。それでボールがすごく滑りました。このとき初めて、〝このままではマズい……〟と焦りました」

キャンプ期間最初のミーティングの際にピッチングコーチが口にした言葉を思い出した。このとき彼は、「さぁ、どれにする?」と言った。

「キャンプで最初のセッションのときに、ピッチングコーチがいろいろ持ってきて、〝お前はどれにする?〟と聞きました。そこにあったのは、ボディクリーム、シェービングクリーム、サンブロック(日焼け止め)やヘアワックスなどでした」

それは、ボールの滑り止めに使うためのものだった。

「サンブロックにしてもヘアワックスにしても、目的はあくまで人体に使うためのものですよね。ただ、それをどこに塗るか、つけるかといった問題なだけで。指先やボールにつけるのは禁止されているけれど、身体に塗ってあるものに触れた手でボールを握ればいい。あるいはピッチャーではなく、キャッチャーにつければいい。もしも問題になりそうならば指先を拭けばいい。〝それは別にルール違反ではないだろう〟、そんな発想でした」

井川はサンブロックを選択した。それでも、まだボールは滑る。

「サンブロックだけでもボールがしっとりとして、かなり投げやすくはなるんですけど、それでもまだ滑る。そこで、ロジンバッグと合わせるとようやくべたつきが出るんです。でも、慣れていないと今度は逆に引っかかり過ぎてしまう。夏場になると汗をかいて指先が湿ってくるのでいいんですけど、春先は本当に大変でした」

それは、ルールに抵触しないギリギリの決断だった。

4月7日、メジャー初登板となったボルチモア・オリオールズとの一戦は5回を投げて2本のホームランを喫し、7失点となった。勝ち負けはつかなかったものの、変化球の制球に苦しみ、まったく納得いかない結果に終わった。

この日を振り返ってもらうと、井川は淡々と答えた。

「この場所を目標にしてきたので、〝やっとここに立てたんだ〟という思いはありましたけど、試合が始まれば、あとは淡々と投げるだけでしたね。緊張感もなかったです。同じ野球ですから」

さらに井川は続ける。

「オープン戦での起用を見ると、当時の自分は四番手ぐらいの位置にいました。でも、一番手の王建民が故障して、ローテーションが流動的になりました。それで自分がこの日に投げることになったんですけど、自分はデーゲームがとにかくダメなんです。日本にいた頃からデーゲームは避けていました。でも、しょっぱなからいきなりデーゲーム。〝あぁ、イヤだな……〟と思いながらマウンドに上がりました」

5回KOに終わったものの、それでも井川はショックを覚えていなかった。苦手なデーゲームだったこと、相手打者もよくわからないまま投げたこと、ボールの感覚にまだなじめていなかったこと……。打たれるべき理由はいくつも思いついたからだ。

「結果的に残念な内容にはなったけど、〝ナイトゲームであれば……〟とか、〝相手打者の特徴をつかめれば……〟とか、〝ボールになじんでくれれば……〟という思いだったので、特にこの結果を引きずることもなく次の試合に臨めましたね。マウンドも確かに硬かったけど、それは東京ドームも、ナゴヤドームも一緒だったので、〝そのうち慣れるだろう〟という感覚でした」

続くオークランド・アスレチックス戦は敵地での登板となった。「前回の反省を踏まえて粘り強いピッチングを心がけた」ものの、5回途中で3失点と、2試合続けて結果を残すことができなかった。

そして、メジャー3戦目、待望の初勝利の瞬間が訪れる。07年4月18日、本拠地・ヤンキースタジアム。相手はクリーブランド・インディアンスだった。

「この日も別に緊張はなかったですね。ただナイトゲームだったので、その点は少しだけ気楽でした。でも、初見の相手なので、〝どうなるのかな？〟という感じでした」

3回にチェンジアップが抜けて死球を与えた。ピンチを広げてしまったことで2点を失った。しかし、3回裏に味方打線が一挙5点を奪い井川を援護する。

結局、この日は6回を投げて5安打2失点、三振は5つ奪い、待望のメジャー初勝利を挙げた。試合後には「初球にストライクがとれてワンストライクから始められたのがよかった」と語ったように、打者23人に対し、19人から初球ストライクを奪ったことが勝因となった。

井川のグラブには「K Quest」と刺繍されている。「三振（K）を追い求める（Quest）」という意味である。この日はクエストの成果が出たのである。

待望の初勝利となったが、やはり井川は淡々としていた。

「まぁ、この日は勝ちましたけど、〝ひと回り、ふた回り対戦してみないとわからないぞ〟という思いは変わらなかったです。まぁ、勝つときもあれば、負けるときもある。〝1年間投げてみて初めて手応えを得るんだろうな〟という思いでした」

23日にはメジャー初黒星を喫したものの、28日にはボストン・レッドソックス戦で2勝目を挙げた。4月の防御率は6・08だったが、それでも2勝1敗で終えた。

初めて対戦する打者、初めての球場、何もかも初めて尽くしではあったが、井川には「慣れてくればきちんと対応できる」という確信めいたものがあった。日本でと同様、春先はベストの状態ではなくとも、夏場にかけてコンディションが上向くとともに結果を出し、年間を通じて帳尻が合うのが井川のスタイルだったからだ。

しかし、5月4日を最後にしばらくの間、登板機会を失ってしまう。マイナー落ちとなったからだ。メジャー契約であるにもかかわらず。

「僕もこのとき初めて知ったんですけど、僕の場合の《メジャー契約》というのは、〝故障以外ではマイナーに落とさない〟という契約ではなく、〝マイナーに落としても、メジャーと同じ給料を支払うよ〟という意味だったそうです。それはちょっと自分としても驚きました」

「チーム内に自分の居場所はなかった……」

それ以降、メジャーとマイナーを行ったり来たりする日々が続いた。

「マイナー落ちの理由として、〝フォームが安定しないから〟という説明を受けました。そのままキャンプ地のタンパに戻ることになったんですけど、〝フォームを見直せ〟ということになりました。でも、〝自分はこのフォームで日本でやってきたんだから〟と思って、話半分に聞いていていましたけど……」

これまで、多くの日本人メジャーリーガーが直面してきた壁だった。日本で培ったスタイルをそのまま貫き通すのか、それとも新天地に向けて新たなスタイルを模索するのか？

井川の場合は前者だった。

「基本線は、〝まずは自分がやってきたこと〟ですよ。そこから一シーズン戦ってみて、〝これは通用する、これは通用しない〟ということを見極める。その上で、〝どこか修正すべきポイントはあるか？〟を見つけて修正する。そうするつもりでした。でも、この時点ではまだ何もやっていない、何も試せていない。それなのに変える必要はない。それが、このときの自分の考えでした」

指摘されたことは練習時にはきちんと取り組んだ。しかし、実戦では指示を無視して「自分流」を貫いた。３Ａでは結果を残した。それでも、なかなかメジャー昇格のチャンスは訪れなかった。

春先だけでなく、シーズンを通して判断してほしい。

デーゲームではなく、ナイトゲームでなら結果を残せる。

経験のない中継ぎよりは、先発の方が結果を残す自信がある。


井川には井川の考えがあり、結果を残すための方法も自分なりに把握していたつもりだった。しかし、外国からやってきたルーキーの希望や要望が何でも通用するほど、世界中から精鋭が集まる名門球団は甘くなかった。

「もちろん、自分としての希望はありましたけど、お金を払っているのはヤンキースなのだから、命じられた環境でベストを尽くすという思いでプレーしていました。不満なんかなかったです。与えられた環境で投げるだけ。そんな思いです」

一方、アメリカで孤独を感じたことは何度もあった。

まずは、球団が用意してくれた通訳とのコミュニケーションがうまく図れなかったことだ。あるとき、井川の通訳がピッチングコーチに呼ばれた。「井川がそのコーチの批判をしている」というウワサの事実確認のためだった。

「自分にも確認があったので、〝いや、そんなことは言ってないよ。コーチの悪口を言っても、何のプラスにもならないから〟と答えたんですけど、その通訳は、〝私が悪口を通訳したことはない。でも、裏で日本のマスコミに対して悪口を言っていたとしたら、私にはわからない〟と伝えたそうです。その通訳の人は、元々球団の人だから、決して自分の味方ではなかったですね……」

グラウンドでは女房役とのコミュニケーションに腐心した。

「日本では、サインは矢野（燿大）さんを信頼してすべて任せていました。でも、アメリカの場合は基本的にピッチャー主導なんです。配球うんぬんというよりも、〝お前は何が投げたいんだ？〟というスタンスでした。だから、自分で考えなければいけない。バッテリーミーティングでも、日本の場合はキャッチャー出身のコーチが相手バッターの攻め方を説明してくれるんですけど、アメリカではピッチャー出身のコーチでした」

考えても仕方のないことだと理解はしていたけれど、ついつい「矢野さんがいてくれたら……」という思いが頭をよぎる。相手打者のこともよくわからないのに、配球を考えながらピッチングすることは本当に大変だった。

チーム内に居場所がないことを感じつつあった。それでも、決して孤独感にさいなまれることがなかったのは井川ならではだった。

メジャー1年目のシーズンが終わった。先発から始まり、中継ぎに配置転換となり、その間もメジャーとマイナーを行ったり来たりする日々が続いた。

わずか16試合の登板で、投球回は67回3分の2に終わった。「200イニングは投げたい。そうすれば球場のことも、相手打者のこともつかめるはずだ」と考えていた井川にとって、不完全燃焼に終わった1年となった。

メジャー2年目、突然の「サイドスロー転向」指令

1年目を終えた感想を尋ねると、井川は小さく笑いながら言った。

「そうですね、〝全然わかんねぇよ〟って感じですかね（笑）。相手選手の特徴も覚えられなかったし、ボールやマウンド、各球場の感覚もわからなかったし……。でも、この環境は自分でコントロールできることじゃないから、与えられた環境でしっかり投げる。ただそれだけを考えていましたね」

井川は同じ言葉を繰り返した。だからこそ、改めて尋ねた。

――与えられた環境がマイナーだったとしても、腐らずに変わらぬ気持ちで投げられますか？

この問いに対して、何の迷いもない口調で井川は言い切った。

「投げられますね。というか、投げられましたね」

決して強がりではなく、心からの言葉だった。実はこの2年目、井川は「ある決断」を迫られていた。それが「サイドスローにしろ」という指令だった。

「2年目を迎えるにあたって、ピッチングコーチから〝サイドスローにしろ〟と言われました。そして〝サイドにしなければ、メジャーでは起用しないよ〟とハッキリ告げられました。マイク・マイヤーズというサウスポーがいたんですけど、彼が上から投げていてパッとしなかったのに、サイドにしたらワンポイントとして貴重な戦力になったそうです。だから、〝お前もそれを目指せ〟ということでした」

しかし、井川はこの申し出を断った。

「日本でも、バッターに粘られたときには相手の目先を変えるためにたまにサイドで投げることもあったんです。でも、年間を通じてサイドで投げても通用しないと自分でわかっていました。チームには左サイドスローの若手投手がいたけど、その選手に勝てる自信はありませんでした。もしも自信があればサイドにしていました。自分の考えを変えることに抵抗はありませんでしたから」

球団からの指令を毅然と突っぱねたのである。その結果、どうなるかは明白だった。端的に言えば「干された」のである。

「GMからは、〝サイドにしないのであればマイナーで頑張ってくれ〟と言われました。お金を払っているのはヤンキースですから、球団の指令に従わないのであれば、それもしょうがないことです。ただ、一つだけお願いをしました」

井川が口にしたのは「マイナーでも構わない。その代わり、マイナーでは先発投手として起用してほしい」という願望だった。

そして、GMはその要望を受け入れてくれた。この点について、井川は今でも「ヤンキースには本当に感謝している」と語る。

「本来ならば、プロスペクトの有望な若手を使いたいはずなのに、それでも一枠を僕のために使ってまで約束を守ってくれた。自分が言ったことはきちんと守ってくれる。GMに対しては、今でもそんな思いを持っています」

2008年……14勝6敗、156回3分の1、防御率3・45
2009年……10勝8敗、145回3分の1、防御率4・15

3Aでの井川は持ち前の実力を発揮した。しかし、井川は3Aで投げるために海を渡ったのか？　いや、決してそうではないだろう。だからこそ再度尋ねた。

——いくら3Aで結果を残しても、決してメジャーには上がれない。気持ちが腐ったり、心が折れたりすることはなかったのですか？

それでも、その答えは変わらない。

「ないですね。新しい環境で挑戦する。確かにメジャーの舞台ではないですけど、マイナーでそれは実現できていましたから」

淡々と、いや、ひょうひょうと語る姿が印象的だった。

挑戦を続けている限り日本には戻らない

さらに質問を続ける。

――「他球団に移籍しよう」とか、「日本に戻ろう」とは考えなかったのですか？

この問いに対しても、井川の答えはそっけない。

「他球団への移籍は考えました。代理人にも勧められたので、〝移籍の意思はある〟ということは表明していました。実際にサンディエゴ・パドレスから話があったようです。でも、自分の給料以外に移籍金も必要になるから難しいということでした。また この頃、日本の球団からもオファーがありました」

井川は明言しなかったけれど、渡米2年目のシーズン途中、読売ジャイアンツからオファーがあった。現在の給料を保証した上で、ヤンキースに移籍金を支払うという条件だ。

「ヤンキースとしても、代理人としても、そちらの方が魅力的だったと思います。それで、アメリカ国内移籍についてはあまり進展することがなかったようです。ただ幸いだったのは、《国を跨ぐ際には本人の同意が必要》という条項があったことです。もちろん、球団から提示されたけれど、それは自分で拒否しました。それで日本行きの話も、それ以上進展することはなかったんです」

この言葉を受けて、再び井川に問う。

——「なおさら、日本に戻ろう」とは思わなかったのですか？

やはり、その口調には一切の迷いはなかった。

「思わなかったです。さっきも言ったように、自分は挑戦するためにアメリカに来ているんです。確かにメジャーではないけど、実際に投げる機会はもらっているじゃないですか。それは3Aかもしれないけど、挑戦はさせてもらっているわけですから」

それでもしつこく質問を重ねる。

——「阪神にとどまっていたら……」という思いもなかったのですか？

「ないですね。一度も……」

これもまた、何の迷いもない口調だった。

「マイナーって時間の余裕があるんです。若い選手が多いから、みんなで食事に行ったり、球場までロングドライブをしたり、すごく楽しい毎日でしたよ」

屈託のない笑顔で井川は言った。

本当にメジャーが「世界最高峰」なのか？

自宅はニューヨークのマンハッタンにあった。３Ａの本拠地・スクラントンまでは2時間半のロングドライブとなった。

「スクラントンまで毎日運転しましたね。バイデン大統領の地元です。日本人は誰もいない。僕だけでした。確かにロングドライブでしたけど、自分、気が長いんですよ。ずっと運転していると、景色が変わるんです。それを見るのは楽しかったです。もう、ある時期からは標識を見なくても、〝あと何分ぐらいだな〟ってわかるようになりましたから（笑）」

渡米4年目となる10年は先発要員ではなく、先発投手が早々に降板した際のロング要員となったことで、登板機会は大きく減った。

契約最終年となる11年はついに２Ａに降格となった。メジャーから３Ａを経て、ついに２Ａにまで降格してしまった。今度こそ、さすがの井川でも心が折れてしまうのではないか？　インタビュアーのそんな思いをあざ笑うかのように井川は言った。

「それはそれで楽しいものでしたよ。何しろ、３Ａの経験はあっても、２Ａは初めてですから。それにスクラントンよりはかなり近くなったし（笑）。それでも片道1時間半でしたけどね。トレントンというところなんですけど、ここは治安が悪いんです。それだけは大変だったけど、やっぱり行ったことのない都市に行って野球をやるのは楽しかったです」

挑戦を続けている限り、井川の心がくじけることはなかった。

そして、11年シーズンが終わった。この年はひじの状態が悪くてマイナーリーグでも思うようなピッチングができなかった。もちろん、メジャー登板は一度もなかった。

決断の時期が近づいていた。

「契約最終年にある程度の活躍ができれば、どこからか次の契約の話もあるんですけど、アメリカでのチャンスはほぼなくなった。そのタイミングで日本球界からのオファーが来た。それで、日本に戻ることを決めました」

日本からは複数の球団からオファーが届いた。その中でオリックス・バファローズを選んだのは理由がある。監督が岡田彰布だったからだ。

「アメリカに行くときに快く送り出してくれたのが岡田さんでしたから、岡田さんのところに戻るのが筋だろう。そう考えたからです。05年の優勝のとき、自分はちょっと出遅れて岡田さんの胴上げに間に合わなかった。だからオリックスに決めました」

アメリカでの日々は5年で幕を閉じた。メジャーでの実働はわずか2年にすぎない。16試合に登板して2勝4敗、防御率6・66という成績に終わった。

この期間を井川はどう振り返るのか？

「やれることはやりました。〝まだアメリカでやりたい〟と思っていたけど、それもできなかったので仕方がない。結果が出なかったのは悔しかったですけど、こればかりはコントロールできない。その点については、やっぱり〝仕方ない〟としか言えないですね」

そして、最後にこんなことを言った。

「自分が経験してみて感じたのは、〝本当にメジャーが最高峰なのか？〟ということでした。確かに市場規模も大きく、動くお金も大きい。その点では間違いなく最高峰です。でも、野球のレベルは決して日本も劣っていない。例えばソフトバンクがMLB入りして年間を通じて戦ったら、きちんと結果を残せると思います」

自分は結果を残すことができなかった。けれども、「挑戦する」という目的は存分に達成できた。あの5年間は、決して日本では味わうことのできなかった挑戦の日々だった。当時の井川にとって、次に進むために必要な時間だったのだ。

井川 慶
KEI IGAWA

ニューヨーク・ヤンキース（2007-2011）

1979年7月13日、茨城県大洗町生まれ。水戸商業高校から1997年ドラフト2位で阪神タイガースから指名。2006年オフ、3年越しの念願だったポスティングシステムによるメジャー移籍を表明、ニューヨーク・ヤンキースが2600万194ドル（約30億円）で落札、12月に5年2000万ドル＋出来高で契約した。2007年4月7日、本拠地ヤンキースタジアムでのボルチモア・オリオールズ戦に先発。18日の対クリーブランド・インディアンス戦にてメジャー初勝利を挙げる。2008年は不振により開幕の先発構想から漏れるも、3Aで最多勝を挙げる。2009～2011年もマイナーでプレー、2012年に恩師の岡田彰布率いるオリックス・バファローズに移籍。2015年戦力外通告、その後は現役続行を模索し関西独立リーグ・兵庫でプレー。2018年兵庫を退団、浪人生活を送った。185㎝、95㎏、左投げ左打ち

通算成績

	登板	勝	敗	セーブ	投球回	四死球	奪三振	防御率
NPB（11年）	219	93	72	1	1387.2	498	1279	3.21
MLB（2年）	16	2	4	0	71.2	42	53	6.66

07 大家友和

「居場所」は、そこに

京都成章高～横浜～レッドソックス～エクスポズ（ナショナルズ）～
ブルワーズ～ブルージェイズ～インディアンス

時事

日ごとに大きくなる周囲との違和感

京都成章高校を卒業後、1993（平成5）年ドラフト3位で横浜ベイスターズに入団した。ドラフト指名時には、報道陣に対して「甲子園に出場した選手とジャイアンツには絶対に負けたくありません」と宣言したという。

気骨ある発言は、決意の表れでもあった。

この年、ベイスターズがドラフト指名した6選手のうち、高校生は大家だけだった。決して即戦力ルーキーではなかった。ファームで身体作りに励み、しっかりと経験を積んだ後に一軍で活躍してほしい。周囲の期待は数年後に定められていた。そして、大家自身もまた目先のことだけではなく、将来を見渡せる視野を持った高校生だった。

先輩投手のピッチングを目の当たりにしたルーキー投手は「とんでもない世界に来てしまった」と、しばしばコメントする。しかし、彼はそうは思わなかったという。

「当時、先輩たちのピッチングにはそこまで圧倒はされませんでした。もちろん、〝これなら通用するだろうな〟と思ったわけでもありません。僕自身、高校時代は控え投手でしたから、元々たいした才能があったわけでもない。それでもドラフト指名されたのは、きちんとやるべきことをやって積み上げていったからだと自分で理解していました。だから、〝今はまだまだ実力不足だけど、しっかり練習していけば、自分だってこのレベルになれるだろう〟という思いはありました。その時点で優劣を判断していなかったんです」

京都の進学校を卒業し、高校在籍中からノーラン・ライアンの『ピッチャーズバイブル』を読んで、自身のトレーニングに取り入れていたという大家は、目先のことで一喜一憂せず、先を見据えることのできるクレバーさを誇っていた。

プロ1年目の4月には早くも一軍マウンドを経験し、4月29日にはわずか3球を投じた後に味方が逆転し、思わぬ形でプロ初勝利もマークした。高卒ルーキーが勝利投手となるのは70（昭和45）年、近鉄バファローズの太田幸司以来の快挙だった。

しかし、その後は伸び悩み、なかなか登板機会に恵まれなかった。

ルーキーイヤーの94年は15試合、95年は3試合、96年は14試合と推移し、4年目となる97年はプロ入り後では初となる一軍登板なしに終わった。日々の練習に励みつつも、それでも心のどこかに言葉にできない違和感が募っていくのが自分でもわかった。この頃、大家は「ここは自分のいる世界ではないのかもしれない」と煩悶していたのだ。

「ハッキリ言ってチーム内では浮いていたと思います。きっかけはささいなことでしたけど、いろいろなことが積み重なって……」

例えば、ファームにいるときのことだ。レフトとライトのポール間を走る「ＰＰ」という練習がある。ポールからポールへ全力で走るキツいメニューだ。ある先輩は指示された本数をごまかそうとした。他人がサボろうが、真面目にやろうが関係ない。自分は与えられたメニューを淡々とこなせばいい。そう考えていたが、実際はそれだけでは済まなかった。

「その先輩は僕にも本数を減らすことを強要してきました。もちろん、それに従う必要もないので、先輩の言葉を無視して自分は与えられたメニューをこなしていましたけど……」

コーチやトレーナーからの指示に対しても、疑問点があれば「この練習にはどんな意味があるのか？」と貪欲に尋ねた。

「当時の僕はまだ若くて、聞き方も失礼だったのかもしれません。その姿が生意気に映っていたとも思います。でも、プロ野球選手はあくまでも個人事業主なので、結果を出せなければ自分がクビになるだけ。だから、納得した形で練習をしたかっただけなんですけど、その思いは伝わらなかったですね」

そして大家はアクションを起こす。プロ3年目が終わった96年オフ、アメリカで行われるウインターリーグへの参加を球団に直訴したのである。「自分で費用を負担してもいい」、それほどの決意を抱いていた。しかし、一軍で何も結果を残せていない若手選手からの異例の訴えに球団は困惑した。その前年には野茂英雄が海を渡り、「NOMOフィーバー」を巻き起こしていた。「野茂にでも触発されたのだろう」、おそらく球団はそう考えていたのかもしれない。冷ややかな反応ばかりだった。

この頃、大家は寮の自室に野茂のポスターを貼っていたという。野茂の活躍に刺激を受けたのは事実ではあったが、そこには別の理由もあった。

「オフシーズンになると、《納会》と称して、みんなで集まってゴルフをしたり、温泉に入ってお酒を呑んだりすることが、ある種の《仕事》となります。一軍で活躍した選手なら、それも意味があると思うけど、まだ何も実績を残していない二軍選手だった僕にとっては、どうしてもそれがムダな時間に思えて仕方がなかったんです……」

大家の主張は正しい。間違いなく正論であり、若手プロ野球選手にとっての「正解」である。しかし、当時の、そして今でもそうした考え方は異質だった。

（ここは自分の居場所ではないのかもしれない……）

周囲との違和感は、ますます大きくなっていくばかりだった——。

98年オフ、自分の居場所を求めて海を渡る

この年のアメリカ行きは叶わなかったが、翌97年オフには球団の計らいによりフロリダで行われていた教育リーグへの参加が実現した。ボストン・レッドソックスが受け入れ先となり、チームのキャンプ地であるフロリダ州フォートマイヤーズで40日間を過ごした。

このときの経験は、後の大家の礎になる貴重なものとなった。

「技術的に大きな収穫があったというわけではないですけど、全体の流れ、雰囲気、そしてアメリカ流のコーチングに触れることができたのはとても大きな収穫でした。

たった40日間なのかもしれないけれど、後に自分が飛躍するきっかけとなった大きな40日間でした」

このとき大家は「ロールオーバー」という存在を知る。これは、投手を守るベンチワークの一種で、点差やアウトカウントに関係なく、監督が審判や相手ベンチに対して強制的にそのイニングを終了させることができるシステムである。投手が打ち込まれてしまい、なかなかアウトが取れずに球数ばかりがかさんでしまう場合などに用いられるという。この教育リーグにおいて、大家はロールオーバーの仕組みを知り、感嘆した。

「とてもいいシステムだと思いました。日本では、投手がふがいないピッチングをした場合に、ある種の見せしめのように交代させない懲罰登板もあります。まったく好対照なアメリカの取り組みに感激しました」

このとき大家は、明確に「アメリカへの憧れ」を抱くことになる。同時に、日本球界に対する違和感もますます膨らんでいく。アメリカと日本、両極端な環境の中で心は揺れ動く。当時、抱いていた「違和感」の正体を本人が振り返る。

「練習に取り組む姿勢も、納会の一件もそうですけど、日本球界で当たり前だとされていることに、僕は疑問を持っていました。与えられた練習メニューを、何も考えずにただこなすだけ。それで本当に効果が出るのだろうか、そんな思いです。でも、僕以外の人たちは、選手にしても、コーチにしても、従来通りのやり方を行っていました。それが普通だったからです。だから、〝おかしいのは日本球界ではなく、僕自身なのだ〟と考えるようになりました。でも、フォートマイヤーズで過ごした40日間は本当に楽しかった。アメリカへの思いはますます強くなる一方でした」

翌98年、チームは38年ぶりの日本一に輝いた。夏の甲子園大会では、横浜高校の松坂大輔が「怪物」の名をほしいままに豪腕をアピールしていた。決勝戦で松坂がノーヒットノーランを達成した相手が大家の母校である京都成章高校だったのも何かの因縁だった。

「チームは日本一にはなったけれど、僕自身は一軍で2試合の登板にとどまりました。ファームではローテーションの一員として最優秀防御率のタイトルも獲得しました。それでも、なかなか一軍に呼ばれることはありませんでした……」

この年の秋季キャンプ中、権藤博監督に呼ばれた。「来年も使ってやれる保証はない」という非情な通告だった。いや、それは「非情」ではなく、大家の行く末を考慮した「親心」だったのかもしれない。本人が振り返る。

「権藤監督からは、〝来年もどうなるかわからない〟と言われました。それも当然のことだったたと思います。在籍5年でわずか1勝でしたから。でも、このとき権藤さんから〝アメリカに行きたいという気持ちに変わりはないのか？〟とも聞かれました。ことあるごとに〝アメリカに行きたい〟ということを言っていたので、権藤さんもそれを知っていたんです」

そして、ベイスターズ退団と同時にアメリカ行きが決まった。交渉役となったのはベイスターズである。

「球団には本当に感謝しています。でも、本音では誰もが〝どうせ活躍できないだろう〟と思っていたと思います。客観的に見れば、僕だってそう思いますから。でも、このときは〝ようやくアメリカに行けるんだ！〟という希望にあふれていました。ネガティブなことなど何も考えませんでした。本当に嬉しかったからです」

大家の原動力となったのは「アメリカへの憧れ」であると同時に、これまで何度も述べてきた「違和感の解消」でもあった。当時の率直な思いを大家が吐露する。

「ベイスターズでは多くの方にお世話になって感謝の思いしかないんですけど、最後までプレーに関しては自分の納得のいく環境でピッチングすることはできませんでした。この頃ずっと思っていたのは、〝もしも自分の思い通りにプレーできたらどうなるのだろう？〟という思いでした。それはつまり、〝違和感がない状況でプレーしてみたい〟という思いでもありました」

当時の自分について、大家は「海外挑戦のリスクなど考えたこともない」と断言する。なぜなら、そこにリスクはなかったからだ。つまり、失うものは何もなかったからである。

「5年間ベイスターズでプレーする中で、《引退》を考えたことは一度や二度じゃありません。正直、〝僕はこの世界に合わない〟とか、〝ここは僕の居場所じゃない〟といつも感じていました。プロ野球が間違っているんじゃないんです。だって、他の選手はみんなアジャストできているわけですから。むしろ、〝この世界にアジャストできない自分に問題があるんだ〟と考えていました。そんな自分が新しい世界に挑戦する。それは決して《リスク》とは言えないですよね」

自らの居場所を求めて、99年3月に大家は旅立った。ベイスターズとは自由契約選手となった。頼るべきものは何もない。自身の身体一つで居場所を作り出すしかない。

それは、23歳になったばかりの春の日の出来事であった。

2Aで連戦連勝、6月には3Aに昇格

レッドソックスとはマイナー契約を結び、その契約金は2万5000ドル、日本円にして300万円に満たない額だった。決して、大きな期待を寄せられていたわけではないことを示す金額だ。契約書には、「もしもメジャーに昇格すれば、最低年俸20万ドルを登録日数に応じて支払う」とあったが、誰もそれを現実的なものとはとらえていなかった。

「97年オフに訪れたフォートマイヤーズで1カ月弱ほどのキャンプを終え、そこからまずはニュージャージー州トレントンに本拠地を置く2Aのトレントン・サンダーで、1年目はスタートしました」

食費に当たるミールマネーは遠征時のみ1日20ドル支給された。満足な食事を摂ることすら難しい額なので、自分で用意したサプリメントを摂取しながら栄養管理に努

めた。遠征時の移動はもちろんバスで、片道10時間以上かかることもざらだった。通訳などもちろんいない。家賃の負担を軽くするためにチームメイトと同居した。3Aよりも下部組織である2A選手である以上、「それが当たり前だ」と理解していた。

ここで挫折すれば、それはすなわち「引退」を意味することになる。野球を続けるのならば、たとえどんな環境であっても、そこから這い上がるしかなかった。

「今さら日本に戻ることはできないわけだから、すべてのことを受け入れて、文句を言わずにただやるしかないわけです。でも、それは決して特別なことではなくてドミニカ、ベネズエラ、プエルトリコなど、どこの国の選手も一緒でした。それでも、日本で感じていた違和感もなく、黙々と投げ続けるだけの日々を過ごしていました」

2Aでの大家は連戦連勝で危なげなく8連勝をマークした。マイク・グリフィン投手コーチの「ステイバック」という教えがハマったのだった。

「コーチが口にする《ステイバック》というのは、〝投げるときに軸足にしっかりと体重を乗せろ〟という意味でした。当時の僕はピンチになると、ついつい身体が前のめりになりがちでした。その悪い癖が出ると、グリフィンはベンチから大声で〝ステイバック、ステイバック！〟と声をかけてくれました。〝軸足に重心を置け〟という意味であると同時に、〝落ち着け〟という意味合いもあったのかもしれません。この言葉を聞くと、落ち着きを取り戻すことができて、きちんと抑えることができるようになりました」

アメリカ生活にはすぐに適応できた。本人いわく、「起きて、ご飯食べて、球場行って、家に帰って、寝る」の繰り返しだったからだ。

「日本にいるときのようにテレビでバラエティ番組を見ることもないから、夜更かししないいし、深酒もしない。野球以外は何もしないんだから、〝アジャストできるかどうか？〟なんて無関係でした（笑）。すごく助かったのはそこに仲間がたくさんいたことです。言葉はうまく通じなくても、みんなに何とか助けてもらいながらやっていました」

そして、大家にチャンスが訪れる。6月16日、3Aへの昇格が決まったのだ。ここまでに12試合に登板して8勝0敗、堂々たる成績だった。

3Aチーム、ポータケット・レッドソックスの遠征先であるニューヨーク州リッチモンドへ向かう際に、グリフィンコーチは言った。

「トモ、二度とここには戻ってくるなよ。お前はもう、ここにいるレベルの選手では

Advisory Pro Staff
ZETT

ない。もっと高みを目指して頑張りなさい。グッドラック！」

2Ａでの登録日数は76日だった。「ステイバック」を授けてくれた恩師とは、期間は短くとも、濃密なつき合いが展開されていた。

3A昇格からわずか1カ月、ついにメジャーリーガーに

2Ａから3Ａへ――。まずは順調なステップを踏んだ。ここでも結果を残して、さらに上を目指すだけだった。

3Ａでも大家は快投を続けた。昇格後すぐに勝利投手となるや、瞬く間に3連勝を記録。マイナーの有望選手を集めて行われた「フューチャーゲーム」の一員に選ばれ、先発投手を任された。次第に周囲の様子が変わってくる。登板スタイルも変わってくる。明らかに、それまでとは違ったムードが大家の周りを包み始めていた。

「登板スケジュールが変更されたり、早いイニングでの降板もありました。状況が理解できずに、ピッチングコーチに尋ねると、〝お前にとって悪い話ではないから〟と言われました。次第に〝メジャーが近い〟という空気が流れ始めました。それでも、

〝まさかこんなにとんとん拍子に進むはずがない〟という思いもあって半信半疑でした。でも……」

7月16日、大家はゲイリー・ジョーンズ監督に呼ばれた。

「明日、ボストンに行きなさい」

3Aに昇格してからわずか1カ月で、大家は早くも夢をつかんだのだ。

メジャーには、MLB選手会との間で交わされた労使協定があるという。対象となるのはメジャーの選手会に属している選手のみである。

そこには「シーズン中にメジャーに昇格した場合はファーストクラスの航空券か、それ相当の手当が支払われる」とあった。

「……メジャー昇格の際に黒塗りのリムジンが迎えにきました。僕がいたポータケットからボストンまでは車で1時間程度の距離で、飛行機に乗るほどではなかった。僕は車を持っていなかったので、それで球団がリムジンを用意してくれたんです」

数カ月前まではTシャツ、短パン姿でバス移動を強いられていた。1カ月前にはジャケット着用で、ようやく飛行機での移動が許されるようになった。そしてついにファーストクラス、あるいはリムジンで送迎される立場にまで上り詰めた。

開幕からわずか4カ月弱にして、大家は念願だったアメリカンドリームをつかもうとしていた。

待望のメジャー初勝利、それでも……

7月18日にメジャー昇格すると、翌19日には早くも初登板のチャンスが訪れた。それも、いきなりの先発マウンドである。相手はフロリダ・マーリンズ、現在のマイアミ・マーリンズだ。64年の「マッシー村上」こと村上雅則から始まり、95年の野茂英雄、96年のマック鈴木、97年の長谷川滋利、柏田貴史、伊良部秀輝、98年の吉井理人、木田優夫に続く日本人投手9人目のメジャーマウンドとなった。

この日、レッドソックスの本拠地であるフェンウェイ・パークには絶え間ない雨が降っていた。そのために試合開始は30分以上も遅れた。そして19時32分、試合は始まった。定刻より32分遅れてのスタートだった。

「初回、味方のエラーでいきなり先頭打者に出塁を許しました。その後もヒットを許して、初回だけで4失点。さらに2回にも失点して降板しました。最悪なスタートとなってしまいましたね（苦笑）」

続く登板でも結果を残すことはできず、早々にマイナー落ちが決まった。わずか1週間、つかの間のメジャー体験となってしまった。それでも大家はめげなかった。8月23日に再昇格し、またしてもすぐに降格となったが、9月4日には再々昇格を果たしている。

「昇格後は中継ぎでの登板が続きました。このときレッドソックスは地区優勝の可能性は絶たれていたけど、まだワイルドカード進出のチャンスはあった。そんな状況下にあったとき、プレーオフで登板する投手を温存するために、僕が2番手として3点リードの3回からマウンドに上がることになりました」

彼が口にしたのは、10月1日に行われた対ボルチモア・オリオールズ戦のことである。この日、大家は3回を無失点に切り抜け、チームもそのまま勝利した。ついに、メジャー初勝利を手にしたのである。

そして、この日が1年目の最後の登板となった。

8試合1勝1敗、防御率4・18――。

2Aから始まり、あっという間に3A、そしてメジャーへと上り詰め、さらにメジャー初勝利も手にした。8カ月前には誰も想像していなかった現実が訪れていた。海を渡るきっかけとなった「居場所」について、大家に尋ねる。

——初勝利を手にしたことで「居場所」を手に入れた実感はありましたか?

この質問に対して、大家は首を横に振った。

「僕みたいな駆け出しのピッチャーがアメリカで《居場所》を手に入れるのは、そんなに簡単なことじゃないです。もちろんそれはわかっていたけど、それでも初勝利を飾ることができたのは率直に嬉しかった。でも、それはまだまだ《居場所》と呼べるようなものじゃない。なぜなら、メジャーリーグの場合は《契約》という現実が目の前に常にあるからです」

大家が口にした「契約」とは、つまりはこんなことだ。

「僕らのような選手の場合、いつでもマイナーに落とされる可能性があります。年俸に関しても、移籍に関しても選手側に自由はなく、その立場はとても弱いもの。だからこそ、メジャーで実績を残して年俸調停の権利を手にすること、そしてFA権を取得すること。それで初めて、〝居場所ができた〟と言えるのだと思います。だから、この時点ではまだまだ僕に《居場所》はありませんでした」

まだ、自分の居場所はない――。それでも間違いなく、日本にいた頃よりは圧倒的な充実感を全身で感じていた。「ここは自分の居場所ではない」と感じていた日本球界とは異なり、「ここで実績を残せば、自分の居場所ができるんだ」という実感があった。その手応えだけでも、すでにアメリカにやってきた意味があった。

23歳の挑戦はまだ始まったばかりだった――。

「都合のいい選手」として、エクスポズへトレード

アメリカ2年目となる00年は3Aで開幕を迎えた。6月には完全試合も達成し、7月にはメジャー昇格を果たした。チーム事情によりすぐに降格となったが、それでも8月の再昇格後は一度もマイナーに降格することなく3連勝を記録する。

この年は13試合に登板し3勝6敗、防御率3・12に終わった。まだまだ不安定な立場ではあったが、それでも異国の地で大家は着実に成長していた。

そして、翌01年のスプリングキャンプ、大家は憧れの人との邂逅を果たす。

この年、野茂英雄がレッドソックス入りしていた。ベイスターズに入団後、寮の自室にポスターを貼っていた憧れの存在。仰ぎ見る立場のスーパースターとのキャッチボールで、この年は幕を開けたのだ。

「もちろん憧れの存在ではありました。でも、同じチームで同じユニフォームを着てプレーするということは、自分の立場を脅かすライバルということにもなりますから……」

当時のレッドソックス投手陣には、エースのペドロ・マルティネスを筆頭に、フランク・カスティーヨ、デビッド・コーン、そして野茂、この4人の先発が確定していた。さらに、ベテランのティム・ウェイクフィールドも控えている。そうしたメンバーをはねのけて大家は自らの居場所を確保しなければならなかったのだ。

渡米3年目にして初めて、メジャーキャンプに最後まで残った。コーンの負傷離脱もあったが、大家は自らの力で開幕ローテーション入りを実現した。

「前年のシーズン後半にメジャーに定着することができて、手応えを感じて臨むことができました。背番号も《53》から《18》になり、意気込んで迎えた開幕でした。だけど、開幕ローテーション入りを果たしたけれど、本音を言えば喜びよりも、危機感の方が勝っていました。ヤンキース時代の98年に20勝をマークしているコーンが戻ってきたら、誰かがはじき出されることになる……」

周囲の顔ぶれを見渡してみる。どう考えても、コーンが復帰した際にはじき出されるのは自分だろう。大家の胸中を不安が駆けめぐる。そして、その思いは現実のものとなる。

コーンの復帰後、大家はマイナー降格を命じられた。コーンは先発を前提とした契約を結んでいたと噂されていた。

「そこで不満を言っても仕方ありません。これこそ、これまで多くの選手たちがさまざまな権利交渉を重ねて勝ち取った権利だからです。これが、メジャーにおける契約社会の現実でした。ならば、自分もきちんと実績を残してその権利を勝ち取るしかない。でも、僕にはその権利がない。球団にとっては、自由に扱うことができる都合のいい選手でした」

6月から7月にかけて、何度も降格と昇格を繰り返した。本人が口にしたように、球団にとって大家は「都合のいい選手」だった。

「7月28日にマイナー降格を告げられたときには、〝今シーズンはメジャーで先発起用することは難しい〟とハッキリと告げられました」

　トレード期限である7月31日が迫っていた。大家の周辺も慌ただしくなる。

「31日の夕方、モントリオール・エクスポズ（現・ワシントン・ナショナルズ）への移籍が決まりました。このとき、〝すぐにアリゾナに向かってほしい〟と告げられました。この日、アリゾナはメジャーの遠征地でした。レッドソックスでは3Aだった僕を、エクスポズはメジャー要員として獲得してくれたんです」

　環境が変われば評価も、立場も変わる。エクスポズには吉井理人、伊良部秀輝が在籍していた。今度のチームでは、実績のある日本人投手との争いを余儀なくされることになる。それでも、大家に新たにチャンスが与えられた。再びメジャーリーガーとなったのだ。

　新しいチームで思う存分、力を発揮するだけだった。

ついに勝ち取った年俸調停権、そして大幅昇給

　レッドソックスでは野茂と、エクスポズでは吉井と伊良部とチームメイトとなっ

た。ともに異国の地で奮闘する者同士の交流は、大家にさまざまなものをもたらした。日本での実績は雲泥の差があった。大家はまだ25歳だった。偉大な先輩投手との交流で、彼は多くのことを学んだ。

「野茂さんにしても、吉井さん、伊良部さんにしても、共通していたのは〝もっと上手になりたい〟という貪欲な姿勢でした。彼らはいずれもすでに実績を残しているわけだし、すでにメジャーでも通用している方々ですから、もっと淡々と練習に取り組んでいるものだと思っていました。でも、実際のところは〝もっとうまくなるには？〟と向上心を抱いて毎日練習していました。その姿を見れば誰だって、〝オレももっと頑張らなければ〟という思いになりますよ」

01年9月11日、同時多発テロが発生、全世界を震撼させた。試合開催が危ぶまれる中で、それでも「決してテロには屈しない」という決意表明であるかのごとく、MLBは全日程を消化した。さらにこの年のオフには、経営難を理由にメジャー30球団から2球団を削減する構想が浮上。そのひとつがエクスポズだった。

それでも大家は、周囲の喧騒をよそに与えられた役割をしっかりとこなした。

アメリカ4年目となる02年には、ついに年間を通して、マイナー落ちを経験することなくメジャーリーガーとして、シーズンをまっとうした。ＦＡ権取得まではまだメジャー在籍日数は足りなかったものの、それでも着実にステップアップしていた。

この頃、大家の心境に少しずつ変化が訪れていた。

「まだまだ不安定な立場であることは変わらなかったけど、モントリオールに移った頃から少しずつ自信のようなものは芽生えてきました。02年に13勝（８敗）して、03年には10勝（12敗）を記録しました。レッドソックスのマイナー時代に教わった《スティバック》の教え、そしてメジャーで生き残るために身につけたツーシームがようやく自由に操れるようになってきたことが噛み合って、結果を残すことができたんです」

メジャーでは、ＦＡ権を取得するには在籍６年が必要となる。一方、年俸調停の権利は３年で取得できる。エクスポズに移籍して２年間ローテーションを守り続け、02年には１９９回３分の２、翌03年には１９９回を投げ抜いた。チームにとって欠かせない戦力となるとともに、大家はようやく年俸調停の権利を手に入れた。

「このとき、ようやく年俸が大幅アップとなりました。前年は34万ドルだったけど、03年オフには２３３万７５００ドル（約２億７５８２万円）にまでアップしました」

海を渡って5年が経過していた。

大家はついに、自分の居場所を自らの手でつかみ取ったのである。

多勢に無勢で、ようやく手にした自分の居場所

「02年に初めて年間を通じてローテーションを守りました。翌03年にも規定投球回数を投げ切りました。そして年俸調停の権利を獲得して、チーム内における立ち位置も定まってきました。個人の成績だけでなくチームの勝敗に対する責任感も芽生えてきました。いずれも、自分で手にしたものでした。このとき、ようやく〝あぁ、自分の居場所ができたのかな?〟と感じることができました」

何も持たずに日本を旅立った。ほぼ無名の若者は無我夢中の末に少しずつメジャーリーグで存在感を発揮した。そしてついに、自らの手でさまざまな権利を勝ち取ったのだ。

このとき初めて、大家に居場所ができたのである。

その後も、大家の挑戦は続いた。ようやく居場所ができたと思った矢先の04年には

ライナーが直撃、手術を経験して離脱を余儀なくされた。それでも、「きちんとリハビリに励んでいれば、またチャンスはやってくる」と腐ることはなかった。

その一方で、いくら孤軍奮闘しても、日本のメディアから注目されることはほぼなかった。たまに報道されることがあっても、きちんとした取材に基づくものではなく、噂話や記者の勝手な思い込みを根拠にした根も葉もないものも多かった。

「僕自身、高校時代から目立った選手だったわけではないし、日本での実績もないから、わざわざ取材しても、それに見合ったリターンがないということは理解していましたし、僕自身も過熱報道されることを望んでいたわけではありません。でも、憶測に基づく記事、いい加減なもの、誤ったものは勘弁してほしかったですね……」

その後、大家は09年までアメリカでプレーし、日本人選手では野茂に続いて2人目となるMLB在籍10年選手となり、引退後の選手年金を満額受給する資格を得た。10年からは古巣のベイスターズに復帰し、その後は再びアメリカに渡ったり、日本の独立リーグでプレーしたりした。ナックルボーラーとして新たなスタイルを模索したこともある。

そして17年、ついに現役引退を表明した。波瀾万丈の現役生活だった。

「アメリカでの10年間はずっと多勢に無勢という感覚でした。すごく楽しい日々だったけど、正直、もっとやりたかった。でも、挑戦できたことに何の後悔はないし、あのとき挑戦しなければこんなに充実した時間も過ごせませんでした。よく、《成功》とか《失敗》とか言われるけど、じゃあ何が成功で、何が失敗なのか。僕はアメリカに来て〝野球が楽しい〟と思えただけで、成功だと思います。たとえ成績が残せなかったとしても、それは決して《失敗》じゃない。そうした思いはとても強いです」

本人の言葉を借りるならば、それは「成功」だった。日本でも、アメリカでも、マイナーでも、メジャーでも、どんな環境下においても野球を続けることができた。それは大家にとって、紛れもなく「成功」だったのだ。

一から道を切り拓いた挑戦者はすでに50代を目前に控えていた。髪に白いものが目立ち始めた大家は最後に言った。

「ぜひ、若い人たちには挑戦を恐れないでほしい。でも、今ではいろいろお膳立てが整ってからアメリカに行くケースがほとんどですよね。そうなると、僕のようなケースは、これからはもうないかもしれないですね……」

自ら居場所をつかみ取った男の率直な感慨だった。

大家の言うように、何もお膳立てのない状況下でメジャーに挑戦する日本人選手はもういないだろう。

身体一つで海を渡り、メジャー史に確かな足跡を残した大家もまた、忘れ難き日本人メジャーリーガーだった。

大家友和
TOMOKAZU OHKA

ボストン・レッドソックス（1999-2001）
モントリオール・エクスポズ（2001-2005）
ミルウォーキー・ブルワーズ（2005-2006）
トロント・ブルージェイズ（2007）
シカゴ・ホワイトソックス（2008）
クリーブランド・インディアンス（2009）

1976年3月18日、京都府京都市生まれ。京都成章高から1993年ドラフト3位で横浜ベイスターズから指名。1997年フロリダ教育リーグに参加しMLB挑戦を意識、球団に希望を伝える。1998年オフ、球団がMLB挑戦を容認したため、FAに。12月にボストン・レッドソックスとマイナー契約。1999年は2Aにて開幕を迎える。7月メジャー昇格、19日のフロリダ・マーリンズ戦にてMLB初先発するもその後、マイナー降格。9月に再昇格し、10月1日のボルチモア・オリオールズ戦にて3回を無失点に抑え、MLB初勝利を挙げる。2001年開幕メジャー入りを果たし、移籍してきた野茂英雄とともに先発ローテーションを回す。7月にモントリオール・エクスポズに移籍。伊良部秀輝、吉井理人とチームメイトに。2005年6月、トレードによりミルウォーキー・ブルワーズに移籍、2007年トロント・ブルージェイズに移籍、メジャー50勝を達成。2010年横浜ベイスターズに復帰、2013年独立リーグ富山など、2017年現役引退。185cm、91kg、右投げ両打ち

通算成績

	登板	勝	敗	セーブ	投球回	四死球	奪三振	防御率
NPB（6年）	63	8	17	0	211.2	87	112	5.23
MLB（10年）	202	51	67	0	1070.0	363	590	4.26

08

井口資仁

毎日が記念日

国学院久我山高～青山学院大～福岡ダイエー～ホワイトソックス～フィリーズ～パドレス～フィリーズ

時事

着々と準備していたメジャー挑戦

1995（平成7）年、野茂英雄が海を渡った。以来、毎年のように多くの日本人投手がメジャーリーグに挑戦を続けた。そして、2001年には初の日本人野手としてイチローがシアトル・マリナーズに、新庄剛志がニューヨーク・メッツに入団する。翌02年には田口壮、03年には松井秀喜、04年には松井稼頭央が、さらなる可能性を求めてアメリカで奮闘していた。

ともにしのぎを削った仲間たちの挑戦を、当時福岡ダイエーホークスの中心選手だった井口資仁は羨望のまなざしで見つめていた。

「公にしていたわけではないけれど、早い時期からメジャーリーグへの憧れを持っていました。大学1年生のときに日米大学野球のメンバーとしてアメリカでプレーして、このとき、スピードやパワーに驚かされました。大学2年生のときに日本代表になり、アメリカ、キューバなど世界各国のチームと対戦しました。そして、大学4年生のときにはアトランタオリンピックに出場し、ますますメジャーへの思いは強くなっていました」

96年ドラフト1位、逆指名でホークスに入団した。デビュー戦で満塁ホームランを放つ幸先のいいスタートを切り、その後は着実にステップアップを重ねて、やがてチームの主力選手の一人となった。99年には王貞治監督の下で日本一となり、翌00年もリーグ制覇を果たした。順風満帆のプロ野球人生を過ごしていた頃、井口の胸の内には「メジャーへの憧れ」がさらに大きくなっていた。

「オリンピックでアメリカ代表だったトロイ・グロース、クリス・ベンソン、マーク・コッツェイらは、みんなバリバリのメジャーリーガーとして活躍していました。彼らの姿をメジャー中継で見ていると、アメリカへの思いが再燃してきました。それが00年とか、01年だったかな？　この頃から、メジャー挑戦を目指して少しずつ準備を始めるようになりました」

井口の言う「準備」とは、アメリカ用にバッティングフォームをアレンジすることだった。具体的に述べるならば、たとえば次のようなことだ。

——引きつけて打つ。

——差し込まれずに強い打球を打つ。

本人の解説を聞こう。

「この頃、メジャーリーグで活躍するためにはツーシームを攻略することが絶対条件でした。通常のストレートとまったく同じ軌道で向かってくるのに、打者の手元で左右どちらかに〝ククッ〟とわずかに変化する。とても厄介だけど、このボールを攻略しなければアメリカで活躍することはできない。速くて変化するボールをとらえるためにはしっかりとボールを見極めなければいけない。手元での変化に対応するためにはボールをできるだけ呼び込みつつ、それでも決して差し込まれてはいけない。この2つを両立させる必要がありました。そこで強く意識したのが、〝引きつけて打つ〟、そして〝差し込まれずに強い打球を打つ〟この2つでした」

ティーバッティングの際には、ティースタンドを自身の右腰付近に設置した。通常よりもスタンドを捕手寄りに立てることで、身体に近いポイントでボールをミートする感覚を徹底的に覚えさせた。守備に関しても、当時の一軍内野守備・走塁コーチの森脇浩司の提案でショートからセカンドにコンバートされると、「メジャーで通用する守備」を意識して日々の練習に取り組み、毎日の試合に臨むようになった。

「それまでずっとショートを守っていたし、ショートは内野の花形的なポジションだから、セカンドへのコンバートにはとまどいがありました。けれども、このコンバートによって、無意識のうちにファーストのある左方向に重心が偏っていた悪癖が改善されてボディバランスがよくなりました。その結果、グラウンド全体を見渡せる視野の広さを身につけることができたり、バッティングでも身体が突っ込まなくなったり、故障が減ったりと、多くのメリットが生まれました」

当初は03年オフの渡米を目指していたが、この年はチームリーダー・小久保裕紀の読売ジャイアンツへの無償トレードや村松有人のオリックス・ブルーウェーブへのFA移籍が重なり、当初のプランは翌04年に持ち越されることとなった。

そして04年オフ、満を持して井口は海を渡る。30歳になる直前のことだった。ときを同じくして、ホークスはダイエーからソフトバンクへの身売りが決まる。「ダイエーの井口」のまま、彼は新たな世界に挑むこととなった。渡米に当たって、監督の王に呼ばれ、「お前はどうしたいんだ?」と尋ねられた。

「メジャーリーグに挑戦したいです」

王もまた力強い口調で答える。

「そうか、わかった。精一杯頑張ってこい!」

「スマートボール」の体現者としての期待

シカゴ・ホワイトソックスとは2年4700万ドル、当時のレートで4億9300万円での契約となった。

「希望球団は特にありませんでした。正直いえば、日本時代よりも年俸は下がりました。それでも、〝アメリカで挑戦したい〟という思いが勝っていました。成功するか、しないかはわからない。けれども、新しいことに挑戦することに意義がある。僕の前にすでに松井稼頭央がアメリカに渡っていました。あれだけの選手がアメリカで苦労していた。メジャーのレベルの高さはわかっていたので、相応の覚悟を持って臨みました」

ホワイトソックスへの入団が決まった後、井口はケン・ウイリアムズGMから直々にこんな言葉をかけられている。

「オジー・ギーエン監督は機動力を生かした細かい野球、スマートボールを目指している。どうか、力になってほしい」

ギーエン監督が目指していた「スマートボール」とは何か？

現役引退直後、千葉ロッテマリーンズ監督に就任したばかりの18年に刊行された井口の著書『変わろう。』（角川新書）には、次のような記述がある（原文ママ）。

私がシカゴ・ホワイトソックスに入った当時、ギーエン監督は就任2年目でした。「スマートボール」というスローガンを掲げて、チームをゼロからつくりかえている最中でした。「スマートボール」は造語です。もともとアメリカには「ロングボール」「スモールボール」という言葉がありました。ロングボールは文字通りホームランをはじめとした長打のことです。スモールボールはロングボールの反対語として、長打に頼らず、機動力などを生かして手堅く走者を進める戦術のことを指す言葉です。

この「スモール」をギーエン監督はさらに一歩進めて「スマート」にやるという狙いを言葉に込めていました。ここで言うスマートは、いわゆる日本語の「体つきがすらりとしている」という意味ではなく、スマートフォンのスマートです。「頭の良い」「賢い」という意味で、「頭を使った野球」というのが日本語としてピッタリくると思います。

さらに井口は、ギーエン監督から直々に言葉をかけられている。

「入団が決まってすぐに、ギーエンから〝キミには二番打者としての活躍を期待している〟と言われました。一番に走れるバッターがいて、クリーンアップは強力打者が並んでいる。その繋ぎ役を期待されているのだと説明を受けました」

ギーエン監督が理想とする打線において、リードオフマンとクリーンアップを繋ぐ、「緻密なプレーができる二番打者」の存在が不可欠だった。その適任者こそ井口だった。だからこそ、ホワイトソックスは井口の獲得にこだわった。入団前から役割は決まっていた。求められるプレースタイルも確定されていた。井口自身もまた、指揮官の求めるものは理解していた。あとは、期待通りの活躍を披露するだけだ。

スプリングキャンプが始まり、チームメイトのプレーを目の当たりにした。改めて、自分の役割が理解できた気がした。

「ここでも改めて監督からの説明がありました。〝いちばんの（スコット・）ポドセドニックが走るまでは極力待ってほしい〟と言われました。彼が盗塁を決めれば、ノーアウト二塁になる。そして僕が進塁打を打てば、ランナーは三塁に進む。こうして、強力なクリーンアップに繋げて、しっかりと得点を重ねる。それが理想とする形でした。ただ……」

井口は言い淀む。

「……ただ、日本では進塁打を打つこと、走者を進めるために右方向に打つことはそれなりに評価されますけど、アメリカではそれほど評価は高くない。もちろん、ランナーが先の塁に進めば、〝よかった〟となるけど、ただそれだけのことで、実際には自分の成績は下がるだけ。その辺りの葛藤は、しばらくの間は続きましたね」

井口の新たな挑戦が始まろうとしていた。

心強かった「ミスターゼロ」・高津臣吾の存在

新天地での挑戦において、井口には心強い存在がいた。

「高津さんがチームメイトだったことはとても大きかったですね」

ヤクルトスワローズの不動のクローザーとして、チームの黄金時代を支えた高津臣吾は、前年の04年からひと足早くホワイトソックス入りを果たしていた。結果的に井口が入団した05年シーズン途中でニューヨーク・メッツに移籍することになり、ほんの数カ月間しかチームメイトではなかった。それでも、不慣れな環境下において、髙津に助けられることは何度もあった。

「スプリングキャンプが始まったとき、70人から80人ぐらいメンバーがいるんです。〝これは全員の名前を覚えるのが大変だな〟って思っていたら、〝大丈夫、すぐにみんないなくなって、気がつけば4分の1程度になっているんで、最後まで残ったヤツの名前を覚えればいいから〟って言われました。実際にその通りになりましたね（笑）」

髙津からのアドバイスはグラウンドだけではなく、日々の生活全般に及んだ。

「それこそ、レストランでのチップの払い方だったり、遠征時の座席の位置だったり、ロッカーでの過ごし方であったり、一日のルーティン全般にわたって、〝ここはこうすればいいよ〟とか、〝それはこうするんだよ〟ってアドバイスをしてくれました。アメリカに渡った当初は、それは本当に助かりましたね」

何よりも、「日本語で話せるということが、どれだけありがたいことなのか」を痛感することになった。

「通訳なしで問題なく過ごせるような語学力ではなかったから、やっぱり言葉の面でのストレスは溜まっていました。でも、ロッカーに戻っても髙津さんがいる。それはとても大きかったです。ロッカーでも、あるいは試合中でも、ふとした瞬間に日本語で意思の疎通ができることで気分が落ち着きました。メンタル面では、とても大きな支えでした」

04年シーズン、メジャー移籍初年度となった髙津は、24試合連続無失点を記録し、「ミスターゼロ」と呼ばれる活躍を見せた。チーム内、そしてファンからも絶大な信頼を得る髙津の存在は、井口にとってもプラスに作用した。

「髙津さんが登板する直前から球場が騒然とし始めて、《ミスターゼロ》のコールとともに地鳴りのような歓声で盛り上がりました。その場で実際に体験してみて、〝こんなに高い評価を受けているんだな〟って思ったし、〝自分もそうなりたいな、そうならなくちゃいけないな〟という思いになりましたね」

自身の経験を踏まえて井口は言う。

「だから、2024（令和6）年、山本由伸投手が（ロサンゼルス・）ドジャースに入りましたよね。彼にとって大谷翔平投手の存在はとても大きいと思いますよ。メジャー1年目でナーバスになっているところに、大谷君がいろんなことを教えてくれる。マスコミの注目も山本君だけに集中するわけではない。すごくやりやすい環境が整っていると思います。そして、それはダルビッシュ有投手がいる（サンディエゴ・）パドレスに入団した松井裕樹君にも同じことが言えますよね」

井口がアメリカで成功を収めるためには、髙津の存在が不可欠だったのだ。

「毎日が必死で、毎日が楽しく、毎日が記念日だった」

ホワイトソックス入団に際して、井口は「基本はこれまでにやってきたことを信じる」という思いと、一方では「過去の自分を捨てることを恐れない」という、相反する思いを抱いていた。当時の率直な思いを振り返る。

「当然、基本となるベースの部分は変えてはいけないと思います。ただ、新しい世界に挑戦するわけだから、今まで通りで必ずしもうまくいくはずがない。さらに、チームから求められる役割も変わるとなると、当然やるべきことも変わってくる。そうした環境のもとで結果を残さなければいけない。そう考えると、従来のやり方に固執していてはいけないのではないか？　これまでやってきたことを基本線として、そこからどう変わっていくことができるか？　それが重要だと考えていました」

05年4月4日、クリーブランド・インディアンス戦において、「二番・セカンド」でメジャーデビューを果たした。そして、6日の試合ではケビン・ミルウッドからメジャー初安打となる二塁打を放ち、この試合では初盗塁も記録した。さらに、5月3日の対カンザスシティ・ロイヤルズ戦ではレフトにメジャー初本塁打を放った。

一連の思い出を尋ねると、井口は意外なことを口にした。

「……あまり覚えていないんです」

ついに手にした夢の舞台。それでも、いや、だからこそ、井口の記憶は曖昧だ。

「……覚えているのは開幕戦のセレモニーで飛行機が飛んだこと。〝あぁ、アメリカはここまでショーアップするんだな〟って感じたことは覚えています。あとは、〝なんて寒いんだろう〟と思ったことくらいかな、記憶にあるのは（笑）」

メジャー初打席は、相手エースのジェイク・ウエストブルックの前に三振に倒れた。しかし、井口はそれを覚えていない。極度の緊張、興奮状態にあったからなのか？　質問を続けると、どうもそうではないことがわかった。

「緊張も興奮ももちろんあったとは思うんですけど、当時は毎日が必死だったし、毎日が楽しかったんです。毎日、そうそうたる投手たちと対戦し、打ったり、抑えられたりしていました。たとえばカート・シリングから、あるいはランディ・ジョンソンから打ったり、抑えられたりしました。毎日、球場に行くのが本当に楽しくて、言ってみれば、毎日が記念日でしたから」

毎朝、目覚めるのが楽しかった。球場に着き、相手チームのバッティング練習、シートノックを見ることが楽しかった。

「球場では常に相手チームの練習を見ていました。彼らは本当によく練習するんです。ホームチームの練習前にグラウンドに出てフリーバッティングをしていることはよくありました。(デレク・)ジーターも、A・ロッドも、バリー・ボンズも本当によく練習していました。それを見ているだけで楽しかった。あるいは、守備の名手の練習風景を、〝すごいな、上手だな〟って、少年のような思いでいつも見ていました」

本人の言葉にあるように、海を渡って以来、まるで野球少年のような心持ちで新しい環境を楽しんでいた。30歳を過ぎて、「毎日が記念日だ」と言えるのは幸せなことだった。しかしその一方では、日々フラストレーションが募っていく。ネガティブな心境に蝕まれる感覚も、井口は味わっていたのだ。

日々、溜まり続けるストレスが爆発

開幕前に告げられていたように、井口の出番は「二番・セカンド」が続いた。出場機会は与えられていた。それでも、「本当に自分のすべてを発揮できているのか？」「ベストパフォーマンスを披露できているのだろうか？」という自問自答は続いた。

「たとえば、ノーアウト二塁の一打逆転サヨナラの場面で打席に入ったとします。内心では、〝自分で決めたい〟という思いを抱きつつ、それでも〝まずはランナーを三塁に進めること〟を意識します。追い込まれれば、セカンドゴロを狙います。あるいは、ランナーが一塁にいれば、どんなに絶好球が来てもファーストストライクを打つことはできない。こうした制約は本当にたくさんありました……」

献身的なバッティングによって、チームが勝利すればまだいい。辛かったのは、自己犠牲を強いられたのに、結果を伴わなかったときだ。もちろん、それは自己中心的なセルフィッシュな考えだということは理解していた。けれども、「自分本来の魅力を発揮できていないのではないか？」という思いは、日に日に大きくなっていた。

「日本でやってきたことをフルで出したい。そんな思いは常に抱いていました。同時に、〝オレはもっとできるんだ、やれるんだ〟という思いもありました。〝しっかり振れば、もっとホームランが打てるのに〟とか、ポドセドニックがあれだけ自由に走れるのなら、〝オレにももっと走らせてほしい〟という思いはいつもありました」

メジャーリーグの一流の投手に対応すべく、いろいろアジャストしなければいけない時期に、自分本来のバッティングができない。走者がいる場面での初球は、井口がもっとも得意とする場面だった。それでも、みすみす見逃さなければならない。ポドセドニックが走れば、それをサポートすべく空振りをしなければならない。

この頃、井口のストレスは最高潮に達していた。クラブハウスに戻ると、ロッカーを蹴り上げ、バットを叩き折ったこともある。決して許される行為でないことは理解していた。しかし、自分でコントロールできないほどイライラが募っていた。

（バントをするためにアメリカに来たわけじゃない……）

（右打ちするために、ホークスをやめたわけじゃない……）

（もっとすべてを出し切って、自分の力を試してみたい……）

それが、このときの井口の率直な思いだった。

「今から考えれば、自分に与えられた役割を理解しているつもりだったけど、心のどこかでは《打って繫ぐアメリカ的な二番打者》を勝手にイメージしていたんだと思います。ところが、いざシーズンが始まってみると、自分に求められていたのは《自己犠牲も厭わない日本的な二番打者》でした」

そんなある日、井口は禁を犯してしまった。ポドセドニックが一塁にいるときに初球から打って出たのだ。当然、チームの規律を乱すプレーとして叱責を受けた。そして井口は、ギーエン監督に自身の思いを打ち明けた。

「チームのためになるのならば待ちます。けれども、彼に盗塁王を獲らせるためだけならば、僕は打ちます」

本来ならば、それは一線を越えた発言として大問題となってもおかしくなかった。しかし、ギーエンは改めて、自身の意図を井口に告げた。

「もちろんチームの勝利のためだ。キミにはその役割を求めているし、それができるものと信じている」

その言葉を、井口はただ黙って聞いているだけだった。

「前半戦のMVPはイグチだ」

ホワイトソックスは快進撃を続けていた。前半戦を終えてアメリカンリーグ中地区首位をひた走っていた。それまでの戦いぶりを振り返る記者会見でのことだ。全米に放送される席上において、ギーエン監督による前半戦総括が行われていた。

「私たちが好調なのは、チームのために何でもやってくれるイグチの存在があるからだ。私にとって、前半戦のＭＶＰはイグチだ。彼がチームを変えてくれた」

指揮官の思いを聞いた井口は、自身のそれまでの振る舞いと考え方を改める。

「この言葉を聞いて救われた思いがしました。《スマートボール》を成功させるためには、全員が〝チームのために〟という思いで自己犠牲も厭わない気持ちが必要になります。でも、アメリカでは自己犠牲は美徳ではありません。それでも、ギーエンは繰り返し、〝イグチがＭＶＰだ〟と言ってくれた。本当に嬉しかったです」

そこには、井口に対するねぎらいと感謝の思いがあると同時に、他の選手たちに対して「自己犠牲の意味」を問うという意味合いもあったのだろう。

ギーエンは日米野球での来日経験があり、親日派としても知られていた。自宅に和室を作り、そこは日本風のインテリアで彩られているという。日本流と呼ばれる「スモールベースボール」を進化させた「スマートボール」を標榜していたギーエンにとって、井口の存在は欠かせないものだった。

「ギーエンが自分の思いをきちんと表明してくれたこと。それをチームメイトやファンの人にもわかりやすく伝えてくれたこと。これによって、それまでずっと悩み苦しんでいたことが報われたような気持ちになりました」

前半戦を首位で折り返した。けれども、8月になるとインディアンスから猛烈な追い上げをくう。8月半ばには7連敗を喫した。それでも、ここからのホワイトソックスは強かった。チームが一つにまとまっていく実感があった。

「インディアンスに追い上げられてから、初めてチームがまとまり、本当の意味でチーム全体に《繋ぐ野球》が浸透したような気がしました。それまであまり話したことのなかった選手から、〝バントを教えてほしい〟とか、〝どうすれば上手に右打ちができるようになるのか？〟と質問されるケースが増えました」

バッティングコーチからは「彼にアドバイスしてやってほしい」と依頼されたこともある。チームにおける井口の存在感が高まっていく。打率や打点、ホームランや盗塁の数など、日々の成績とはまた別の価値観で評価されるようになっていた。

開幕からずっと取り組んできたことが、真の意味で評価されたのだった。そして、ここからのホワイトソックスは文字通り「無敵」と呼べるほどのまとまりを見せた。

特にポストシーズンは11勝1敗と圧倒的な強さを見せつけた。

ア・リーグ地区シリーズでは前年の覇者であるボストン・レッドソックスをスイープし、リーグ優勝決定シリーズではロサンゼルス・エンゼルスに4勝1敗、さらにワールドシリーズではナショナルリーグ代表のヒューストン・アストロズを4勝0敗で下し、88年ぶり3回目のワールドチャンピオンとなった。怒濤の快進撃だった。

「疲れは感じなかったですね。もちろん、実際は疲労も溜まっていたとは思うけど、それよりもむしろ、お客さんみたいな立場で試合を楽しんでいました。ただ、〝長いなぁ〟とは感じていましたけどね（笑）」

入団初年度で、井口はチャンピオンリングを手にした。「シューレスジョーの呪い」と称された苦難の時期を過ごし、88年間、ワールドチャンピオンとは無縁だったシカゴのファンに、最大の歓喜をもたらした立役者の一人となったのだ。

「自分が成績を残せば日本人内野手の評価が上がる」

その後の井口は紆余曲折のメジャー生活を過ごすことになる。

メジャー2年目となった06年は前年を上回る138試合に出場し、レギュラーセカンドとして十分な成績を残した。オープン戦では主に六番を託され、ギーエン監督も「今年はイグチに中軸を任せたい」と考えていた。しかし、開幕後のホワイトソックス打線は機能せず、前年同様に井口を二番で起用することとなる。

それでも、打率・281、18本塁打、67打点、11盗塁を記録する。チームの2連覇はならなかったが、井口は着実にメジャーリーガーとしての地歩を固めていた。

「正直いえば、個人の成績としてはまったく物足りないです。やっぱり、3割を達成したかったたし、ホームランだって20本は打ちたかったたし、盗塁だって20個はしたかった。〝イグチはこんなものか〟と思われるのがすごくイヤでした……」

その根底にあったのは、「日本人内野手」代表としての思いがあったからだ。

「……自分がメジャーできちんと成績を残すことができれば、それが後に続く後輩たちの評価に繋がる。そんな思いは強くありました。〝あぁ、イグチはその程度のものか〟と思われてしまうと、それがイコール、日本人内野手の評価となってしまう可能性がある。それがすごくイヤでした。だからもっと成績を残したかった。そういう意味では、まったく物足りなかったです」

この年のオフ、ギーエン監督は改めて井口をねぎらっている。

「この2年間、ずっとイグチには我慢をさせてきた。今年だって、打率3割は打てただろうし、ホームランも20本はマークできたことだろう。それでも、文句も言わずにチームのために一生懸命に働いてくれた。本当に感謝している」

この言葉によって、自分の働きが徒労に終わらずに済んだ、そんな実感を得ることができた。いい監督の下で、いいチームメイトとプレーできる幸せを、井口は噛み締めていた。

しかし、別れは突然訪れる。メジャー3年目となる07年シーズン途中で、フィラデルフィア・フィリーズへの移籍が決まった。フィリーズにはメジャー屈指の二塁手、チェース・アトリーが控えていた。

トレード期限が迫った7月27日のことだった。実はその前日の26日にアトリーは、デッドボールで右手を骨折し、戦線離脱を余儀なくされていた。そして翌日、アトリーの穴を埋めるべく、急転直下で井口に白羽の矢が立ったのである。

「朝、球場に行ってメンバー表を確認してからランニングをしていました。するとGMと監督から、監督室に呼ばれました。〝一体、何だろう?〟と思っていたら、トレードを告げられました。そして、〝今からフィラデルフィアに飛んでほしい〟と言われて、荷物をまとめてすぐに向かいました」

井口には移籍に関する拒否権があった。自分の希望しない球団に関して、「このチームには行きたくない」と拒否することができた。

「でも、〝アトリーがいるチームへのトレードなどあるはずがない〟と思っていたので、フィリーズはリストから外していました。まったく想定外の球団だったからです。でもその結果、フィリーズに移籍することになりました」

頭では「望まれてフィリーズに行くのだ」と理解していた。それでも、2年半在籍したホワイトソックスを離れる寂しさは拭えなかった。時間が経過するとともに、その寂しさはさらに大きくなる。やがて涙がこぼれ、しばらくの間、それは止まらなかった。別れの瞬間、ギーエンは言った。

「口を開くと泣いてしまいそうだから……」

それだけ言うと、指揮官は何も言わずに井口を力強く抱きしめたという。

かつて日本のスワローズ、近鉄バファローズに在籍したチャーリー・マニエルが監督を務めるフィリーズでは、アトリーが復帰するまではセカンドを任されたものの、復帰後は出番を失う。その年のオフには、自らの意思でトレードを志願し、パドレスに移籍することが決まった。パドレスでは希望通りセカンドとしての出場を続けたが、6月の試合で右肩を脱臼し故障者リスト入りしてしまった。

故障は癒えたものの、その後も調子は戻らず、9月1日に解雇を告げられた。すぐにフィリーズが獲得に乗り出してくれたが、シーズン終盤の入団となり、規定によりポストシーズンの出場は果たせぬまま、この年を終えた。

チームはワールドチャンピオンとなった。井口には2個目となるチャンピオンリングが授与されたものの、「自ら勝ち取った」という思いは皆無だった。

「ケガをしたシーズンだったので、やはりいい条件での契約は望めませんでした。僕としてはあくまでもセカンドにはこだわりたかった。そこで、日米を問わずチームを探すことにしました。日本球界からは複数球団のオファーがあった。好条件の読売ジャイアンツもあったけど、千葉ロッテマリーンズを選びました」

こうして、05～08年に及ぶ、井口の4年間のメジャー生活は幕を閉じた。

スーパースターからもらった80着のユニフォーム

翌09年から17年までマリーンズでプレーし、18年からは監督となった。尊敬する王貞治、そしてオジー・ギーエンを手本とする監督像を追い求めた。フロントと協力してチーム改革を推進し、常勝軍団の構築を目指したが、一度もリーグ優勝を果たすことができぬまま、22年限りでユニフォームを脱いだ。

井口もすでに50歳を目前にしている。

「アメリカではいろいろなことを学びました。特に印象的だったのが、〝イレギュラーを楽しむ〟という感覚です。異国に行くのだから、日本の感覚は通じないものと割り切る。飛行機が時間通りに飛ばない、頼んでいたものが届かない。そんなときにイライラすることもあったけど、それを楽しめるようになったときに、本当の意味でアメリカ生活が楽しくなりました。4年間、イヤな思い出が何もないんです。人種差別を受けた思いもないし、チームメイトたちとはいい時間を過ごすことができた。本当に幸せな4年間でしたから」

アメリカでの日々を振り返って、「毎日が記念日」と井口が口にしたことはすでに述べた。その手には、取材用に持参してくれた2個のチャンピオンリングが輝きを放っている。それを眺めながら井口は言った。

「アメリカでの4年間、ずっとワクワクしていました。メジャーでは相手への敬意をすごく大切にしていて、ユニフォームやバットの交換が頻繁に行われます。僕もA・ロッド、ジーター、チッパー・ジョーンズ、それにグレッグ・マダックス……。4年間で80枚ぐらいのユニフォームをもらいました。今でも自宅には30枚ほど額装して飾っています。バットもたくさんあります。楽しかった。本当にいい時間でした」

毎日が記念日――。

まさに、その言葉を裏づけるように、満足そうな笑みをたたえて井口は振り返った。あの「毎日が記念日」だった幸せな4年間を噛み締めながら――。

井口資仁
TADAHITO IGUCHI

シカゴ・ホワイトソックス（2005-2007）
フィラデルフィア・フィリーズ（2007）
サンディエゴ・パドレス（2008）
フィラデルフィア・フィリーズ（2008）

1974年12月4日、東京都田無市（現・西東京市）生まれ。国学院久我山高から青山学院大学に進学。1996年ドラフト1位で福岡ダイエーホークスから指名。2004年、自由契約を選択し、MLB挑戦を表明。2005年、シカゴ・ホワイトソックスと2年470万ドル（約5億2000万円）で契約。4月4日開幕戦の対クリーブランド・インディアンス戦で2番・二塁手として初出場。開幕2戦目に初安打を記録。ポストシーズンで決勝逆転3ランを放つなど活躍。ワールドシリーズに出場し優勝、チャンピオンリングを獲得した。2007年トレードでフィラデルフィア・フィリーズに移籍、監督からの三塁手転向を固辞し、主に代打での出場となる。2008年サンディエゴ・パドレスに移籍、9月に不振から解雇されると、フィリーズに復帰。2009年千葉ロッテマリーンズに移籍、2017年現役を引退、2018年からは千葉ロッテの監督を務めた。178㎝、84㎏、右投げ右打ち

通算成績

	試合	打席	安打	本塁打	打点	盗塁	三振	打率
NPB（17年）	1915	7535	1760	251	1017	176	1409	.270
MLB（4年）	493	2078	494	44	205	48	387	.268

海を渡る

09 村上雅則

法政二高～南海～ジャイアンツ～阪神～日本ハム

時事

「マッシー村上」として、アメリカで生きる

1964（昭和39）年春――。

南海ホークス入団2年目を迎えていた村上雅則はアメリカに旅立った。入団時に鶴岡一人監督と交わした「アメリカに野球留学させる用意がある」という約束が早くも実行されたのだ。

この年のホークス投手陣は、エースの杉浦忠を筆頭にジョー・スタンカ、皆川睦男、森中千香良、三浦清弘など質量ともに充実した陣容を誇っていた。

結果的にこの年、ホークスはリーグ制覇を実現し、日本シリーズではセ・リーグ覇者の阪神タイガースを破って日本一となっている。19歳の若手投手の力を借りずとも、ペナントレースを戦うだけの戦力は整っていた。

この年の春、プロ2年目19歳の村上、入団したばかりで18歳の高橋博、田中達彦の一行はアリゾナ州フェニックスでのキャンプに参加することとなった。

羽田空港を離陸し、ハワイでの給油を経てサンフランシスコに到着した。すぐに球団事務所にあいさつに行き、60年にオープンしたばかりの本拠地・キャンドルス

ティック・パークを訪れ、さっそくマウンドに上がった。それまで日本の球場しか経験したことのない村上は「これが本場アメリカの最新鋭のスタジアムなのか」と感激を隠せなかった。

（いつの日か、オレもここで……）

漠然と抱いたその思いが、それから半年後にまさか現実のものになるとは、この時点ではまったく想像すらしていなかった。

すぐにスプリングキャンプが始まった。順調に日程を消化し、村上は1A相手に好投を見せた。自分でも驚くほど、相手打者は若き日本の左腕が繰り出すボールにとまどっている。高橋と田中は当初からルーキーリーグでのプレーが決まっていたが、村上はなおも1Aでプレーを続けることになった。

少しずつ、チーム内における存在感が高まっていく。

当初のプランでは3月にアメリカに旅立ち、6月に帰国する予定だったが、すでに村上は、サンフランシスコ・ジャイアンツの下部組織であるフレズノ・ジャイアンツで欠かせない選手となっていた。村上は三振の取れるピッチャーだった。その秘密はアメリカに着いてから覚えたチェンジアップにあった。

「日本びいきだったビル・ワール監督とはいつもピッチング談議をしていました。技術的なことよりも、むしろどのような場面でチェンジアップを投げるのが効果的なのか？　どんなバッターに対してこのボールは有効なのか？　こうした具体的なアドバイスをたくさんもらったことがとても役立ちました」

例えば、打者有利で打ち気にはやっているカウント1―0、2―0、3―0、2―1、3―1、あるいはフルカウントとなり積極的に打っていこうと考えている3―2のときにチェンジアップを投じると面白いように空振りが奪えた。あるいは、いわゆるスラッガータイプの打者にも打ち気を削ぐようなこのボールは有効だった。

こうした具体的なアドバイスは村上の技術向上の支えとなった。自信を持って投げ込んだチェンジアップが痛打を浴びたときはこんなアドバイスをもらっている。

「スピードボールを《1》だとしたら、君のチェンジアップは《0・5》だ。だから打者はゆっくり構え直して打つことができる。スローボールと言っても、《0・75》ぐらいで投げなければいけないんだ」

若かった村上は貪欲に知識を求め、驚異的なスピードで多くのものを吸収していく。進化は止まらなかった。

「ストライクゾーンは、日本よりもかなり低めを取っていました。自分では〝決まった！〟と思ったボールでも、〝ボール！〟と言われることも多かったけど、それもすぐに慣れました。しょっちゅうリリーフで投げていましたから、《習うより慣れよ》で、すぐに感覚をつかむことができましたね」

5月6日、この日は村上の20歳の誕生日だった。下宿先の日本人夫婦からはバースデーケーキが贈られた。さらに、チームもまた意外なプレゼントを用意していた。

「僕の誕生日である5月6日を《ジャパンデー》としてセレモニーを開いてくれることになったんです。日本からフレズノにやってきてまだ1カ月足らずで、そんなことまでしてくれました。いつもスタンドで観戦していたアメリカ人の老夫婦はわざわざ球場までお手製のケーキを持ってきてくれました。アメリカ人の優しさが身に沁みましたね」

周囲が心配していたホームシックに陥ることもなく、食事を含めた環境面での不安も杞憂に終わった。

きっかけは、高校時代に毎週楽しみにしていた『ローハイド』だった。そして今、自分はアメリカにいる。西部劇ではなく、現代のアメリカを生きている。

学生時代から憧れていたアメリカでの生活は、自分でも驚くほど順調に進んでいた。何もかもが刺激的な毎日だった。

この頃から、現地の人々の間で「マッシー」という名前が定着していく。アメリカ人にとって、「日本人の名前は発音しにくい」という。後に鈴木誠が「マック鈴木」となったように、村上雅則はアメリカでは「マサノリ・ムラカミ」ではなく、「マッシー村上」で通っている。

「何度も〝オレの名前はムラカミだ〟と言っても、アメリカ人にとって《ムラカミ》と発音することは難しいみたいで、《ミューラカミー》となってしまう。あるときは《マカロニ》なんて発音するヤツもいましたよ。いくら何でも《マカロニ》ではご先祖さまに申し訳がたたない（笑）。《マサノリ》も似たようなもので、いくら繰り返しても《マンサノーリ》になってしまう。〝だったら《マサ》でいいや〟と思っても、その《マサ》もうまく発音できない。近くにいるときは《マシ》で、遠くから呼ぶときは《マッシー》となりました。」

こうしたやり取りを何度も経て村上は悟った。

（あっ、《マッシー》なら、何とか発音できるみたいだぞ……）

この瞬間、現在でも通じる「マッシー村上」が誕生した。

積極的で、社交的で、何事にも臆することなくアメリカ社会に飛び込んでいく村上の姿勢はすでに現地の人々からも受け入れられていた。さらに、新たに「マッシー」の愛称も生まれた。あとはグラウンドで活躍するだけだった。

根強い日本人蔑視との闘い

しかし、何もかもが順風満帆だったわけではない。

戦後も20年が経過しようとしていた。新しい時代の到来を満喫する一方で、旧態依然たる価値観もまた根強く残っていた。黒人差別と同様、黄色人種への偏見もあった。

「あれはジャパンデー後の試合でのことでした。練習のときから、あるチームメイトが私に向かって、〝きついジョーク〟を繰り返しました。初めは無視していたけれど、あまりにもしつこく、何度も何度も耳元で嫌味を言い続けていました……」

村上が口にした「きついジョーク」とはもちろん、日本人蔑視の差別的発言だった。そして彼は行動に出る。試合前の国旗掲揚が行われているさなか、村上は一人だけ背を向けて座ったままで過ごした。国歌吹奏が終わるとともにチームメイトが「なぜあんなことをしたんだ？」と尋ねてくる。

「口々に、〝どうしたんだ、何かあったのか？〟と聞かれました。そこで私が事情を説明すると、〝それとこれとは別問題だろう〟と言われ、〝わかった〟と答えたことを覚えています。私のそんな態度を見て、何か思うところがあったのでしょう。〝マッシーはよっぽど傷ついているのだな〟と理解したのかもしれません。これ以降、私に対してあからさまに侮蔑的な態度を取る選手はいなくなりました」

あるいは、こんな出来事もあった。村上本人が「スパナ騒動」と語る一件だ。

遠征の際にはバス移動を強いられた。早くて2時間、ときには8時間かかることもあった。村上は常に持参していた8ミリカメラで車窓をよぎるアメリカの田舎町の風景を記録していたため、常に前方の席に座っていた。

「確か、8時間かけてリノに移動するときのことだったと思います。つい、ウトウトしていたら頭に何かコツンと当たりました。目が覚めて後ろを振り返ってみても、みんな知らん顔。そんなことが何回か繰り返された後、私は勢いをつけて立ち上がりました……」

村上は後ろを振り返ることなく運転席に行き、そこにあったスパナを手に取った。そして、ゆっくりと振り返って、一人ずつにらみつけながら、「Are you?、Are you?」と聞いて回った。

「……こちらは本当に頭にきているわけです。スパナを握りしめたまま、〝お前か、それともお前か？〟と聞いて回ると、みんなおびえた顔で、〝オレじゃない〟と言いました。その数、20人はいたはずです。でも、ここでひるんだり、我慢したりすれば絶対につけこまれるし舐められる。〝ここは強気で押し通すしかない〟と思っていました」

結局、誰がやったのかはわからなかった。決してアジア人に対する嫌がらせではなく、単なる退屈しのぎのいたずらだったのかもしれない。けれども、その勢いに誰もが圧倒されていた。その瞬間、「勝った」と村上は思ったという。

村上にさまざまなアドバイスをしていた監督のビル・ワールはかつて、「読売ジャイアンツ」の名づけ親としても知られるフランク・オドールとともに来日経験があった。それ以来、親日家となり、村上に対しても親身になって接してくれていた。

「彼は日本びいきで、日本人の気質もよく知っていました。《ハラキリ》を例に挙げて、〝サムライはいざというときには捨て身でぶつかってくる〟とチームメイトに言っていたそうです。僕がいないときにはみんなを集めて、〝マッシーのことを決して《ジャップ》と呼んではいけない〟と諭していたということも後で知りました」

頼れる存在は何もなかった。すべてを独力で切り拓いていくこと、問題を解決していくことでしか自分の居場所を築くことはできなかった。

海を渡る、とはつまりは、そういうことだった。

弱冠二十歳ながら、村上はアメリカで生きる術を身につけていく。次第に強くたくましくなっていく。強い者が勝つのか、勝った者が強いのか？

グラウンド内外での奮闘はこの後も続くことになる。

20年間鬱屈した思いを抱えていた現地日系人の希望に

日本人として初めてメジャーリーグのマウンドに立った。

9月1日、記念すべきメジャー初登板は1イニングを投げ、打者4人に対して、三振、センター前ヒット、三振、そしてショートゴロで切り抜けた。上々のデビュー戦だった。

「でも、本当に感激したのはその日よりも、翌朝の新聞を見たときでした。各紙大きな見出しで《日本人初のメジャーリーガー》と書かれていました。それを見たときはやっぱり胸が高鳴りましたね。さらにその日からは、マイナー時代とは一転して一流のホテル、一流のレストランと待遇ががらりと変わりました。それだけメジャーリーガーは国民的英雄だということです」

初登板後、村上の下には銀の食器セットが届けられた。バットメーカーのルイスビル・スラッガーは投手の村上に対して、「バットの専属契約をしてほしい」とオファーする。その返礼として、左利き用のゴルフセットも贈られた。

ニューヨーク、フィラデルフィア、ピッツバーグと転戦して本拠地サンフランシスコに戻った。このとき空港には現地のアメリカ人だけでなく、多くの日系人が村上の快挙を祝福しに集まっていた。鬱屈した思いを抱えていた日系アメリカ人にとって、村上の快挙は心から誇らしかったのだ。

村上には、今でも忘れられない思い出がある。

「ドジャースタジアムで試合をしたときのことです。明らかなストライクなのに判定はボール。それで、2〜3歩アンパイアに歩み寄って、〝Why?〟って言ったんです。そうしたら、こちらに向かって何やらまくし立ててくる。私としては何を言っているのかわからないから、〝しょうがないや〟って背中を向けて、センターバックスクリーンを眺めながら、〝フーッ〟って深呼吸して落ち着こうとしました。そのときに、ロジンバッグをポーンと、空高く放り投げたんです。5〜6メートルは投げたんじゃないかな。かなり高く放り上げました。すると……」

村上の一連の態度を見て、アンパイアは「審判に対する侮辱行為だ」と受け取った。気がつけばホームとマウンドの中間地点までやってきていた。キャッチャーが必死に「彼は日本人なんだ、まだ若いんだ、英語がよく理解できないんだ」となだめていた。

「……とにかく私に対して怒っていました。で、〝もう一回やってみろ、次は退場だぞ！〟という意味のことを言いました。それで無事に試合は再開したんだけど、今から思えばあのとき退場になっていればよかったよね。そうすれば、《日本人メジャーリーガー退場第一号》となれたのにね（笑）」

村上はケラケラと楽しそうに笑った。しかし、この話には後日談がある。

「当時のアメリカは、ホームチームの試合はテレビ中継しないんですけど、ビジター戦だけは中継するんです。というのも、〝ホームの試合は球場に足を運んでください〟という考えがあるから。だから、この日の試合は地元のサンフランシスコでは中継されていました。そして、遠征から戻ってきて、ダウンタウンの日本食レストランに行ったんです。すると、向こうから日系人のおじいさんがやってきて、泣きながら握手を求められました」

まったく状況がつかめなかった。けれども、老人の言葉ですべてを理解した。彼は村上にこんなことを告げた。

「私たちは戦争によって財産を没収されて、戦争中には施設に隔離収容されました。アメリカ人には絶対に〝ノー〟とは言えませんでした。彼らが〝黒だ〟と言えば、たとえ白でも、〝黒だ〟と言わなければならなかった。だけど、マッシーは国技であるベースボールの世界で、アメリカ人の審判に対して、ハッキリと〝ノー〟と言ってくれた。この20年間の私たちの胸のつかえがようやく取れました……」

アメリカで闘っていたのは村上だけではなかった。

戦前からアメリカで暮らし、戦中戦後の激動の時代を過ごしてきた現地日系人もまた必死に闘っていた。村上の活躍は、決して自分のためだけでも、日本で待つ家族やホークス関係者のためだけでもなく、故郷を離れ、異国で暮らす多くの人々の光となっていた。

誰もが村上の左腕に自身の希望を、未来を託していたのだ。

そして、待望のメジャー初勝利の瞬間が

村上のメジャー昇格後、ハーマン・フランクス監督の下には脅迫状が届いていたという。この年のシーズン終盤、ジャイアンツとドジャースとの間で激しい争いが繰り広げられていた。村上は特にドジャース戦を得意としていた。

「後に聞いたところによると、〝ムラカミを起用したら、貴様を殺す〟という脅迫を受けていたそうです。ロサンゼルスからの投函ということで、僕らがロスに遠征した際には、僕の身辺ではＦＢＩが身辺警護に当たっていたと聞きました」

もちろん、何事も起こることなく、村上も、フランクス監督も無事だった。

「私に心配をかけないように、ずっと内緒にして平然としていた監督には本当に感謝しています。熱心なドジャースファンだったのか、それとも反日家による単なる嫌がらせだったのかはわからないですけど、フランクス監督は本当に立派でした」

メジャー昇格以来、濃密な時間を過ごしていた。

ドジャースとの一戦では大乱闘も経験した。翌年オープンする、世界初となる屋根付き球場「アストロドーム」の建設現場も見学した。見るもの聞くものすべてが刺激的な毎日を送る中で、ついに「その日」が訪れた。

64年9月29日――。

本拠地のキャンドルスティック・パークで迎えたヒューストン・コルト45'sとの一戦だ。翌年からはアストロドームが完成し、チーム名もアストロズと改称されることになる、その前年のことである。

4対4で迎えた9回に村上はマウンドに上がった。息詰まる場面ではあったが、村上に緊張はなかった。9回、10回、11回とイニングが進んでいく。3イニングで打たれたヒットは1本のみ。ほぼ完璧と言っていい内容だった。

そして11回裏、マティ・アルーのサヨナラホームランでチームは勝利した。見事なサヨナラ勝利であり、チームにいい流れをもたらしたのが村上の好投だった。ちなみにアルーは後に来日し、太平洋クラブライオンズ入りを果たすことになる。

「メジャー初登板のことも印象深いけど、この初勝利も忘れられない瞬間ですよ。アルーはこの年、1本しかホームランを打っていない。でも、その1本が私にとって、生涯忘れられない喜びをもたらしてくれました。あれは本当に嬉しかった」

サヨナラホームランだったため、ウイニングボールを手にすることはできなかった。それでも、脳裏に刻まれたあの白球の弾道は、60年が経過してもなおありありと思い描くことができる。村上にとっての記念ボールは、心の中にハッキリと記憶されている。こうして、「日本人初のメジャーリーガー」は、「日本人初のメジャー勝利投手」となった。

この年、9試合に投げて1勝1セーブ、防御率1・80でシーズンを終えた。

シーズン終了後には、ジャイアンツの指示によりアリゾナで行われるウインター・リーグへの参加も決まった。日本からはホークスの先輩である西村省三と、アリゾナ州フェニックスでアパート暮らしをしながら、課題であるスクリューボールの精度を上げるべく、さらに熱心に取り組んだ。

この頃には球団の厚意で日本人家庭教師の下で英語の勉強にも励んでいる。「さらに英語力を磨いて、来年はますます活躍するぞ」という意気込みの表れだった。

「サンフランシスコでの生活も楽しかったけれど、フェニックスでの生活もとても楽しいものでした。完全に野球シーズンは終わったので、すぐに日本に帰ってもいいんだけど、〝このままアメリカに残っているのも悪くないな〟なんて考えていました」

アメリカでの暮らしは何から何まで楽しかった。村上は、ますますアメリカが好きになっていた。さらなる飛躍が期待される2年目に向けて、気力が充実していた。

しかし――。

ここから村上は思わぬトラブルに見舞われてしまう。日米両コミッショナーを巻き込む一大事が勃発するのである。

日米を股にかけた「村上争奪戦」の渦中で

最初のきっかけは故郷・山梨で待つ家族たちからの「早く帰ってこい」という国際

電話だった。長男の動向を心配しての連絡だと思っていたものの、それにしては深刻、かつ切実な口調が気になった。やがて村上は事情を察する。

「アメリカでは日本の様子はまったくわからないし、身柄を一任していたキャピー原田さんも〝心配しなくていい〟の一点張りだったので、詳しい事情はよくわからなかった。けれども、どうやら、〝なぜ、村上は戻ってこないのか？〟と問題になっているらしいということを知りました。それで慌てて日本に戻ることにしたのが、もう12月に入った頃のことでした」

日系アメリカ人で日米野球界に精通していたキャピー原田と鶴岡監督は旧知の間柄であり、キャピーの弟は大阪球場内に事務所を置く会社の社員であった。そうした関係から、アメリカにおける村上の後見人役を任じていたのがキャピーだった。

村上にとって、およそ10カ月ぶりの帰国となった。出発前と比べて、明らかに自分を取り巻く環境が変化していることはすぐに理解できた。

メジャー初登板、あるいはメジャー初勝利のときには、10月10日に予定されていた東京五輪直前ということで、村上の偉業が大きく報じられることはなかった。いや、そもそも「日本人初のメジャーリーガー」ということが、どれだけの偉業なのかをきちんと理解している者も少なかった。

しかし、事情は大きく変化した。

「南海からは〝キャピー君の言うことを聞いていればいいから〟と言われていました。アメリカ滞在中のある日、キャピーさんからは、〝ずっとこっちでプレーしていてもいいぞ〟と言われたこともありました。シーズンが終わってからは、〝来年もここでプレーしてもいいぞ〟と言われていました……」

帰国直前のことだ。事情を探るべく、村上は日本に国際電話をかけた。受話器の向こうは南海ホークスの球団常務である。

「指定された番号にかけてみると、電話の向こうは明らかに飲み屋でした。こちらとしては詳しい事情を知りたいのに、常務は〝いいから帰ってこい、とにかく帰ってこい〟の一点張りでした。わざわざ国際電話をかけているのに、何も説明がないことで信頼がなくなってしまいましたね」

ホークスから依頼を受けていた代理人の指示に従って、アメリカ2年目の契約に村上がサインをしたことで事態が変わった。いわゆる「二重契約」となってしまったのだ。ホークスサイドは当初のプラン通り、「あくまでも野球留学」というスタンスだった一方、ジャイアンツサイドは「すでにトレードマネーを南海に支払い済みだ」と強硬に主張する。

「確かにジャイアンツから南海サイドに1万ドルのお金は渡っていたんですけど、南海サイドはあくまでも一種の功労金のようなものとして理解していました。でも、ジャイアンツサイドとしては、〝すでに移籍契約は成立している〟と主張しました。その結果、私自身は身動きの取れない状況となってしまったのです……」

ホークス側も、ジャイアンツ側もまったく譲らない。日米を股にかけた「村上争奪戦」は収まる気配がなかった。

「内村裁定」でようやく解決

双方の言い分は平行線をたどり、事態は収拾がつかなくなっていた。鶴岡監督自ら渡米し、関係者と交渉をもったものの、それでも事態は収まらない。日米のコミッショナーが乗り出し、収拾を図る以外に解決の糸口は見いだせそうになかった。

当時の内村祐之コミッショナーは、アメリカのフォード・フィリックコミッショナーに送った親書において、次のような提案を行っている。

（A）村上雅則選手は一九六五年度はSFジャイアンツにおいてプレイすること。
（B）一九六六年以降の村上選手の保有権は南海ホークスに所属すること。

東大野球部出身で医学博士でもある内村は野球を愛していた。過熱する新人選手獲得競争を是正すべく、65年からドラフト会議を誕生させたのも内村だった。彼はホークス関係者だけでなく、村上の親族まで丁寧に事情聴取を繰り返し、ホークスサイドの非を認めた上で、同時に村上の両親の息子に対する愛情を切々と訴えかける親書を作成した。

その内容は、フィリックコミッショナーを筆頭にジャイアンツサイドの態度を軟化させた。65年シーズンはアメリカでジャイアンツに、翌66年は日本でホークスに。「喧嘩両成敗」であり、「三方一両損」のような日本流の決着方法ではあったが、双方が納得する形で問題は解決した。

「本心では、〝ずっとアメリカでプレーしたい〟という思いを持っていました。けれども、ここまで大問題になってしまったことは心苦しかったし、何よりも入団時の約束を守って私のアメリカ行きを認めてくれた鶴岡監督にそれ以上迷惑はかけられませんでした。私としては、〝日本に戻ります〟と言うしかなかったんです……」

こうして、「65年シーズン限定」という形で、村上にとってのメジャー2年目が始まることとなった。解決が遅れたため、5月5日に渡米してチームに合流した。翌6日、彼にとって21歳となった記念すべき日には、再会を祝して同じ誕生日であるキャプテンのウイリー・メイズとともに祝った。

「それでも、私には一抹の不安がありました。一応、南海のキャンプで練習はしていましたけど、試合で投げていないのでメジャーリーガー相手にどれだけのピッチングができるのか自信はありませんでした。実際、最初の5試合ほどは納得のいく内容ではありませんでしたけど、少しずつ自分のピッチングができるようになっていきました」

65年シーズンは前年よりも多くの登板機会を得た。

日本の終戦記念日となる8月15日には「ムラカミデー」と銘打たれた試合が行われ、メジャーでは最初で最後となる先発も経験した。

この年は45試合に登板し、4勝1敗8セーブ、防御率3・75という記録を残した。環境にも順応し、体力面、技術面ともにまだまだ成長する自信はあった。本心では「このままアメリカに残りたい」と思っていたが、入団時の約束を果たしてくれた鶴岡監督をはじめとするホークス関係者のことを考えると、「残ります」とは言えなかった。

こうして、アメリカで過ごしたマッシー村上の2年間は幕を閉じた。20歳、21歳の2年間を村上は全力で過ごした。彼は確かに、メジャーリーグの歴史に爪痕を残し、その名を刻んだのである。

なぜ、マッシー村上はアメリカで成功できたのか?

「マッシー村上」がアメリカの地で躍動してから、すでに60年が経過した。60年――60年である。当時二十歳になったばかりの若者は、すでに傘寿を迎えていた。穏やかな表情で当時の思い出を語る村上に尋ねたのは、「どうしてあなたはすぐにメジャーリーグに、いや、アメリカ社会に順応できたのですか?」ということだった。

質問を聞き終わると、逡巡することなく村上は答えた。

「日本人って、返事ができない人種なんですよね……」

続く言葉を待った。

「……イエスかノーかを答える前に、〝ちょっと上司に確認します〟となる。日本のプロ野球のコミッショナー会議を見ていても思うけど、オーナー本人が出てこないで《代行》や《代理》の人間が会議に参加して、その場で判断することなく、〝一度、持ち帰って検討します〟となる。一体、何しに来ているんだと。それは、プロ野球界だけじゃなくて、一般社会も同じ。その点、私なんかは平気で自分の考えを口にした。バスの中でも、平気でスパナを持ち出して相手を問い詰めるぐらいだったから（笑）」

村上が海を渡って30年が経過した1995（平成7）年、ついに野茂英雄がメジャーリーガーとなった。野茂の挑戦をきっかけとして、その後はイチロー、松井秀喜、松坂大輔ら、次々と日本のトップ選手が海を渡った。そして、それは現在のダルビッシュ有、吉田正尚、山本由伸、そして大谷翔平へと連綿と続いている。

野茂が渡米するまでの30年間、村上はどんな思いだったのか？

「日本に戻ってきてから、南海ホークス、阪神タイガース、日本ハムファイターズでプレーを続け、38歳のときに現役を引退しました。現役を続けている間は、〝誰もメジャーに行かないでほしい〟と思っていました。でも、現役晩年を迎え、引退が近づいてくる頃になると、〝そろそろ誰かアメリカに行かないかな〟という思いになり、むしろ〝行ってほしい〟と考えるようになりました。自分でも理由はわかりません。でも、私だけでなく、後輩たちにもあの経験を味わってほしい。そんな思いになっていました」

しかし、村上が引退した後も、しばらくの間「日本人メジャーリーガー」は誕生しなかった。元号が昭和から平成に変わってもなお、村上は先駆者であり続けたのだ。

噛み締めるように口ずさんだ『想い出のサンフランシスコ』

現在では数多くの日本人メジャーリーガーが誕生している。ある者は大きな成功を収め、ある者は日本での輝きを発揮することができずに悔しい思いを抱いたまま帰国することとなった。改めて村上に問う。

——アメリカで成功する人と、そうでない人との違いはどこにあるのですか？

この問いに関しても村上の言葉に迷いはなかった。

「野球の実力が大切なのは当然のこととして、それ以上に精神的なものが大きいと思います。やっぱり、文化の異なる生活の中に自ら積極的に入っていけるかどうか？私なんて、〝入るな〟って言われても、どんどん入っていっちゃうタイプだったから(笑)。そこで大切なのは言葉。私の場合は通訳なんていなかったけど、それでも会話の中に積極的に入っていった……」

それまで、笑顔を交えながら楽しそうに受け答えしていた村上の表情が引き締まる。口調にも熱が帯びてくる。

「……もしも内容がわからなかったら、首をひねりながら〝What you say?〟なんて言ってみる。そうするとわかりやすい言葉で置き換えて話してもらえる。毎日しゃべっていると少しずつ単語も覚えてくる。まずは単語を2つ並べてみる。次に3つ並べてみる。そうすると、だんだん深い内容の会話もできるようになってくる。文法なんか気にしなくていい。主語や述語なんて意識しなくていい。その気概が大切なんじゃないのかな？」

村上が渡米したのは、第二次世界大戦の終結から20年が経過する頃だった。日本では、高度経済成長が本格化し、世界で確たる地位を築きつつある頃だ。まだまだ日本人の地位は低かった。１ドル３６０円という経済格差もあった。

そうした中で、成人する前に単身で海を渡り、独力で生き抜いたのが村上だった。さまざまな不安に押し潰されそうになる中で、彼は自分の左腕で居場所を作り上げた。

アメリカから帰国してしばらくした頃、世話になっている人物に招かれて夕食をともにした。このとき、「何か歌を歌ってくれないか」と頼まれた村上が静かに口ずさむ。

「I left my heart in San Francisco……」

トニー・ベネットが歌って62年に大ヒットした曲である。邦題は『想い出のサンフランシスコ』。歌っているうちに村上の頬を涙が伝う。

海を渡った青年は、アメリカでの手応えをつかんでいた。けれども、志半ばで帰国することになった。実力不足や故障のためではない。「まだまだ自分は成長できる」という手応えを覚えていただけに悔しかった。無念だった。すでに80代を迎えた村上は言う。

「あのときの私には、ああするしかなかった。鶴岡さんを恨んではいません。入団時の約束をきちんと守ってくれたんですから。ただね……」

一拍おいて、村上はつぶやいた。

「……ただ、あのときもしも鶴岡さんが、〝よし、わかった。お前が納得するまでアメリカで頑張ってこい！〟って言ってくれていたら、私はどんな人生を歩んでいたのかな、そう考えることはしばしばありましたね……」

感情のこもったひと言が静かに響き渡った――。

村上雅則
MASANORI MURAKAMI

サンフランシスコ・ジャイアンツ（1964-1965）

1944年5月6日、山梨県大月市生まれ。法政二高から1962年に南海ホークス入団。1964年2月、サンフランシスコ・ジャイアンツ傘下の1Aフレズノへチームメイト2人とともに野球留学。村上はクローザーとして活躍。6月までの期間だったが南海のチーム事情から帰国要請はなく、9月のメジャーベンチ枠拡大にともないメジャー昇格。9月1日、対ニューヨーク・メッツ戦でメジャー初登板、1回を無失点に抑え、翌朝の新聞に「日本人初のメジャーリーガー」と書かれる。1965年ジャイアンツとの契約を締結したが、南海が村上を帰国させるよう求めたため、両球団が紛糾。1966年に帰国、南海でプレーする。1974年に阪神、1975年に日本ハムへ移籍。1982年に現役引退。1983年に渡米しジャイアンツの春季キャンプに参加、選手契約には至らなかったが、ホームゲーム専用の打撃投手として契約した。183㎝、82㎏、左投げ左打ち

通算成績

	登板	勝	敗	セーブ	投球回	四死球	奪三振	防御率
NPB（18年）	566	103	82	30	1642.1	601	758	3.64
MLB（2年）	54	5	1	9	89.1	31	100	3.43

エピローグ

2024年5月17日――再びサンフランシスコへ

80歳で再び、ジャイアンツのマウンドへ

「日本人初のメジャーリーガー」が誕生してから、すでに60年が経過した。当時20歳の村上雅則は80歳となっていた。

彼が海を渡ってから、かなりの年月が経過したのだ。

2024（令和6）年5月17日、村上はサンフランシスコにいた。メジャーデビュー60周年となる節目を迎えて、古巣のサンフランシスコ・ジャイアンツから始球式に招待されていた。

かつてマウンドに上がったキャンドルスティック・パークはすでに取り壊されており、現在はオラクルパークとなっていた。

ジャイアンツのユニフォームを着用した村上が白球を投じる。

それを見つめる球場に詰めかけたファンは、遠い日本の地からやってきたレジェン

ドに惜しみない拍手を送った。両手を挙げて、歓声に応える村上。歴史を重んじるアメリカのファンによる敬意がスタジアム中に満ちていた。

この日、ジャイアンツ公式Xにはこんなポストが投稿された。

In observance of Japanese Heritage Night at @OracleParkSF, tonight's ceremonial first pitch was thrown by former #SFGiant, Masanori Murakami, who broke ground as the first Japanese Player to reach the Major Leagues.

（オラクルパークで行われたジャパン・ヘリテージ・ナイトを記念し、メジャーリーグで最初の日本人選手として、その名を世に知らしめた元サンフランシスコ・ジャイアンツのマサノリ・ムラカミ氏が今夜の始球式で投げた）

ＭＬＢ公式Ｘでも、村上のピッチングが動画で公開された。アメリカ、日本はもちろん、世界中の野球ファンが彼の雄姿を目に焼きつけることとなったのだ。

＊

1982（昭和57）年シーズンをもって、ユニフォームを脱いだ。この年、所属していた日本ハムファイターズではわずか2試合の登板に終わった。村上はすでに38歳になっていた。完全燃焼のはずだった。

しかし――。彼の闘志はまだ消えていなかった。

「本当は、そのまま引退して日本ハムの二軍ピッチングコーチになる話が進んでいたんだけど、与えられた肩書は《二軍投手コーチ補佐》となっていた。でも、一体、誰を補佐して、どのような仕事をするのか、どうもハッキリしない。それですぐに球団に確認すると、どうやら、〝補佐という肩書があれば年俸を安く抑えられる〟という考えのようだった。それを知って、〝何だかセコいなぁ〟って思ってね。それでジャイアンツに電話をしたんだよね……」

かつてバッテリーを組んでいたトム・ハラーが球団副社長となっていた。そこで彼に相談すると、「アメリカに来ないか？」と誘われた。

「それで、翌年のトライアウトを受けたんだけど、調整不足で結果はダメだった。それでも、初めてのメジャーキャンプでおよそ1カ月間もメジャーリーガーたちと汗を流すことができた。それは何物にも代えがたい体験でした。で、そのまま帰国するのはイヤで、もっとサンフランシスコにいたかったから、〝パスをくれないか?〟って頼んでバッティングピッチャーとして過ごすことになったんだよね。それで家族を呼んで、サンフランシスコの飛行場の南の辺りでみんなで暮らしたんだよ」

それは、18年ぶりの帰還だった。

もちろん、日本に残って評論家として仕事をすることも可能だった。それでも村上はアメリカで暮らすことを選んだ。若かった頃、全身全霊で野球に打ち込み、青春時代のすべてを捧げたアメリカの地で過ごしたかった。思い出の地を家族全員で共有したかった。

現役引退後に発売された村上の自著『たった一人の大リーガー』(恒文社)には、アメリカに対する思慕の念が素直な文章で綴られている。

ぼくは、日本に帰って投げつづけていたときから、ずっと、「もう一度アメリカで生活してみよう」と思っていた。ぼくにとって、カリフォルニアの大地は、いまだ別れがたいものを秘めていたのだ(原文ママ)。

アメリカでの生活は9カ月に及び、村上家は日本に戻ることになった。わずか9カ月かもしれない。それでも、村上の胸の内では、ようやくひと区切りがついたような晴れ晴れしさがあった。

座右の銘、「人生一度」に込めた意味

村上の去就をめぐって日米球界が大騒ぎをしていた頃、混乱する状況に終止符を打つきっかけとなったのが、当時のコミッショナーである内村祐之だった。村上はかつて内村から、「一期一会」と揮毫された色紙をもらったという。

「内村さんからもらった色紙を見ていて、自分なりの言葉を考えました。そして頭に浮かんだのが《人生一度》という言葉でした」

これまでの人生経験を踏まえ、村上が自ら考えた座右の銘は「人生一度」だという。そこにはどんな意味が込められているのか？

「やっぱり、人生を振り返ってみると後悔があるんです……」

それまで快活に話していた村上の口調が穏やかになる。続く言葉を待った。

「……本当はもう一度、アメリカに行きたかった。だけど、鶴岡さんとの約束を守らなくちゃいけないから、それはもう仕方のないことだと思っています。そんなことを考えていたら、《人生一度》という言葉が浮かんできてね。悔いのない人生を過ごすためには、自分が思ったことをやってみる。もしもそれで失敗したとしても、それなら納得がいくだろうし、ダメならそこからやり直したっていい。だから、若い人には《人生一度》の思いで、何事にもチャレンジしてほしい、そんなことをつい、考えちゃうんだよね」

辺りが静けさに包まれる。しかし、その静寂を破ったのは村上だった。

「だけどね……」

白い歯をこぼしながら、村上が続ける。

「ふと気づいたらさ、《人生一度》って、鶴岡さんの名前が逆になって含まれているんだよね。《鶴岡一人》、ねっ、たまたまなんだけどさ……」

すでに60年前のことだ。野球界はもちろん、政治的にも、経済的にも、今とは比べようもないほど、彼我の格差の大きかった時代において、たった一人で伝説を築き上げたレジェンドはいたずらっぽく笑った。

現在まで続く、日本人メジャーリーガーの系譜。
すべては村上から始まったのだ――。

（了・文中敬称略）

Sep 20. 1965
Cincinnati Reds
Save game
4 to 0
4 innings 1 Hit
4 SO
Masanori Murakami

おわりに

戦う男たちの生きざまを

プロローグ、本文、そしてエピローグでも触れたように、２０２４（令和６）年は、「マッシー村上」こと村上雅則が海を渡ってから60年の節目の年となる。

すでに80歳を迎えていた彼に最初に会ったのは、東京・中野で行われた彼のトークイベント会場だった。イベント主催者の計らいで紹介してもらい、「ぜひ、インタビューをさせていただきたい」と頭を下げると、その場で「いつにしますか？」と前向きな返事をもらい、後日、ロングインタビューが実現した。

戦後20年、まだまだ日米の格差が大きかった時代、単身でメジャーリーグに乗り込み、孤軍奮闘しながら自身の居場所を築き上げた男の話は実に面白かった。

冗談ばかりで飄々とした語り口は耳に心地よかったが、その一方で日系アメリカ人たちの希望の星であったエピソード、意にそぐわぬ帰国後、サンフランシスコの歌を口ずさみ涙したこと……。インタビュアーとしても、胸に迫る瞬間だった。

＊

本書にはマッシー村上を含めて9名の「日本人メジャーリーガー」が登場する。

必ずしも大成功を収めた人たちばかりではない。けれども、全員が自分の持てる力を出し切り、異国の地で戦い抜いた男たちばかりだ。

もちろん、本人たちにとっては「まだまだ力を出せたはずだ」という悔いや、「不完全燃焼だった」という忸怩たる思いがあることだろう。

それでも、彼らは自身の力を信じて海を渡り、精一杯戦った。

男たちの言葉は強かった。どんなステージにあっても、戦う者の姿は気高く、そして美しい。思い出したくないであろう出来事を蒸し返すこともあったはずだ。それでも、真摯にインタビュアーに向き合ってくれた9名には心から感謝したい。

彼らは間違いなく挑戦者であり、勝利者だった。本書に登場する戦う男たちの生きざまが、少しでも読者のみなさんの生きる力となれば、それ以上の喜びはない。

２０２４年9月　長谷川晶一

本書は「週刊ＳＰＡ！」２０２４年１月16・23日号より２０２４年４月９・16日号まで連載された「サムライの言球（ことだま）」に大幅に加筆、または書き下ろしたものです。

〈初出〉

五十嵐亮太（週刊ＳＰＡ！２０２４年１月16・23日号、１月30日号）
福留孝介（同　２０２４年２月６日号、２月13・20日号）
西岡　剛（同　２０２４年２月27日号、３月５日号）
マック鈴木（同　２０２４年３月12日号、３月19・26日号）
岡島秀樹（同　２０２４年４月２日号、４月９・16日号）
井川　慶（本書のための書き下ろし）
大家友和（本書のための書き下ろし）
井口資仁（本書のための書き下ろし）
村上雅則（本書のための書き下ろし）

海を渡る

サムライたちの球跡

発行日　2024年10月1日　初版第1刷発行

著　者　長谷川晶一
発行者　秋尾弘史
発行所　株式会社 扶桑社
〒105-8070
東京都港区海岸1-2-20　汐留ビルディング
電話　03-5843-8194（編集）
03-5843-8143（メールセンター）
www.fusosha.co.jp

印刷・製本　タイヘイ印刷株式会社印刷事業部

カバーイラスト　横山英史
撮　影　ヤナガワゴーッ!
カバー・帯・本文DTP　小田光美（オフィスメイプル）
校　閲　小西義之
編　集　遠藤修哉（週刊SPA!編集部）

 ISBN978-4-594-09805-6